GANZHEITLICH HEILEN

Buch

Mehr oder weniger bewußt und intensiv beachtet auch jeder westliche Mensch bestimmte Grundregeln, um sich eine Umgebung zu schaffen, in der er sich wohlfühlt. Aber nur im Osten wurde dieses innere Wissen um die richtige Plazierung von Häusern und Einrichtungsgegenständen so verfeinert, daß allgemeingültige Regeln entstanden: Feng Shui – die Kunst, in Einklang mit der natürlichen Umwelt zu leben und dank der harmonisch gelenkten Energieströme gesünder, erfolgreicher und wohlhabender zu werden.

Dieser Ratgeber leitet den Leser Schritt für Schritt dazu an, ein Gespür für die richtige Anordnung und Ausrichtung von Möbeln und anderen Einrichtungselementen zu entwickeln. Feng Shui läßt sich sowohl in der Wohnung als auch am Arbeitsplatz anwenden. Die Autorin liefert dazu eine Fülle von praktischen Anweisungen, Übungen, Fallbeispielen und Illustrationen.

Autorin

Terah Kathryn Collins lebt in San Diego (Kalifornien) und ist in den USA als Feng-Shui-Lehrerin und -Beraterin tätig. Ihre Ausbildung erhielt sie bei dem Akupunkteur und Feng-Shui-Experten Dr. Richard Tan, bei dem Geomantiker und Feng-Shui-Spezialisten Louis Audet sowie bei Meister Lin Yun, dem Leiter und Gründer des Yun-Lin-Tempels in Berkeley (Kalifornien). Die Autorin verbindet östliche Weisheit mit westlichem Lebensstil.

TERAH KATHRYN COLLINS

FENG SHUI IM WESTEN

Der Weg zu Gesundheit, Harmonie und Wohlstand

Aus dem Amerikanischen
von Gisela Kretzschmar

GANZHEITLICH HEILEN

GOLDMANN

Die Originalausgabe erschien 1996
unter dem Titel »The Western Guide to Feng Shui«
bei Hay House, Inc., Carlsbad, CA, USA.

Deutsche Erstausgabe

Deutsche Erstausgabe Dezember 1998
© 1998 der deutschsprachigen Ausgabe
Wilhelm Goldmann Verlag, München
in der Verlagsgruppe Bertelsmann GmbH
© 1996 der Originalausgabe Terah Kathryn Collins
Umschlaggestaltung: Design Team München
Umschlagfoto: G. Pretzl
DTP-Satz: Barbara Rabus
Druck: Elsnerdruck, Berlin
Verlagsnummer: 14152
Redaktion: Daniela Weise
WL · Herstellung: Stefan Hansen
Made in Germany
ISBN 3-442-14152-4

1 3 5 7 9 10 8 6 4 2

Für unser Zuhause
und unseren Arbeitsplatz.
Machen wir sie zu unserem
persönlichen Paradies.

Inhalt

Meine Feng-Shui-Reise begann, als eine Freundin darauf bestand, ich solle mit ihr einen Vortrag über ein merkwürdiges Thema besuchen, das Feng Shui hieß. Ich hatte gerade genug davon gehört, um zu vermuten, daß es sich dabei um einen chinesischen Aberglauben handelte. Nun sollte ich mir also einen ganzen Abend lang einen Vortrag darüber anhören. Mit großen Vorbehalten ging ich hin.

Der Referent war Dr. Richard Tan, ein sehr angesehener Akupunkteur und Feng-Shui-Experte aus San Diego, Kalifornien. Ich saß noch keine drei Minuten auf meinem Platz, als mir klar war, daß es sich bei Feng Shui um genau das handelte, was ich intuitiv seit Jahren praktizierte. Es war einer jener seltenen und wunderbaren Augenblicke, in denen ich das Gefühl hatte, mein ganzes Leben sei eine perfekte Abfolge von Ereignissen gewesen, die mich genau zu diesem Mann und zu diesen Informationen geführt hatten. Mit wachsender Erregung und wachsender Ehrfurcht vor den Synchronizitäten des Lebens hörte ich Dr. Tan zu. Hier war eine alte östliche Wissenschaft, die mit Gebäuden auf dieselbe ganzheitliche Weise umging, wie ich es seit über einem Jahrzehnt mit Menschen tat. Hellwach hing ich an Dr. Tans Lippen und lernte meine erste Lektion über die Theorie und Praxis des Feng Shui – die Sprache meiner Zukunft.

Ich vertiefte mich in das Studium des Feng Shui bei Dr. Tan, bei Louis Audet, einem Feng-Shui-Experten, der über ein reiches Verständnis der östlichen Weisheitslehren verfügt, und bei Meister Lin Yun, der eine Feng-Shui-Autorität und Gründer des Yun-Lin-Tempels in Berkeley, Kalifornien, ist. Ich studierte bei verschiedenen Lehrern und las alles, was ich über Feng Shui in die Hände bekam, und mir fiel dabei auf, wie eng die ganzheitlichen Prinzipien, nach denen ich immer gelebt und gearbeitet hatte, sich in das zeitlose Gewebe des Feng Shui einfügten. Und zum ersten Mal in meinem Leben empfand ich eine leidenschaftliche Liebe für das, was ich tat, und fühlte mich im Einklang mit dem Sinn meines Lebens.

Die Suche nach diesem Lebenssinn hatte begonnen, als ich ein Teenager war. Ich lernte und praktizierte Transzentrale Meditation und Yoga, und folgte den Anweisungen des I Ging und studierte die östlichen Weisheitslehren. Nachdem ich die High School abgeschlossen hatte, beschloß ich zu reisen und vielleicht in fremden Ländern zu leben. Ich verbrachte einige Zeit in Südamerika, dann in Puerto Rico, im Südwesten Amerikas und schließlich in Spanien. Während meiner Reisen erlebte ich zahllose Synchronizitäten einschließlich eines endlosen Stroms von Menschen, die mit ganzheitlicher Heilkunde zu tun hatten. Sie wurden das verbindende Thema meiner Reisen. Chiropraktiker, Akupunkteure, Schamanen und Heiler aller Art kreuzten meinen Weg. Gemeinsam war ihnen, daß sie den Menschen wieder zu einem gesunden Gleichgewicht verhalfen.

Von meinen Abenteuern inspiriert kam ich vier Jahre später heim nach Virginia und eröffnete eine Praxis für Polaritätstherapie und Neurolinguistik, wo ich meine Fähigkeiten als ganzheitliche Therapeutin und Gesundheitsberaterin weiter verfeinerte. Die Praxis lief gut, und zusätzlich wurde ich Mitbegründerin (und Lehrerin) des Zentrums für Polaritätstherapie von Nord-Virginia.

Die Zeit verging, und eines Tages während einer Meditation wurde mir plötzlich bewußt, daß es nun schon 14 Jahre her war, seit ich mich nach der Rückkehr von meinen Reisen in Virginia niedergelassen hatte, und – daß es wieder einmal Zeit war, weiterzuziehen. Zugleich spürte ich, daß auch wichtige berufliche Veränderungen anstanden. Es war Zeit, die nötigen Schritte einzuleiten und dorthin zu gehen, wo ich immer hinwollte – nach Kalifornien. Ich begann, mich auf diesen Tag vorzubereiten.

In den nächsten beiden Jahren brachte ich sorgfältig alle Bereiche meines Lebens zu einem Abschluß. Ich bildete eine Nachfolgerin aus, die meine Praxis übernehmen sollte, übertrug meine Lehraufträge meinem Partner und verbrachte so viel Zeit wie möglich mit meinen Freunden und meiner Familie. Schließlich stand der Umzugswagen vor der Tür, und ich machte mich auf den Weg nach Kalifornien.

Nachdem ich mich in San Diego niedergelassen hatte, stellte ich mich der nächsten Herausforderung – was nun? Ich hatte nicht das Bedürfnis, wieder eine Praxis zu eröffnen oder zu lehren wie früher. Ich spürte, daß etwas Neues auf mich zukam und daß mich die ausgetretenen Pfade der Vergangenheit nicht weiterbringen würden. Mich fesselte die Erkenntnis, daß die ganzheitlichen Gesundheitsprinzipien für die Umwelt genauso gelten wie für die Menschen. Von diesem Gedanken ausgehend hatte ich das Gefühl, daß meine neue Aufgabe in einer Verbindung zwischen der Heilkunde und meiner Liebe zur Umwelt liegen würde. Ich füllte Notizbücher mit Zusammenhängen, Gedanken und Erkenntnissen aus meinen Beobachtungen des »Umweltkörpers«. Ich fühlte mich schwanger mit mir selbst und betete darum, »entbunden« zu werden, damit ich meinen Lebensweg weitergehen konnte. Was würde mein neuer Beruf sein? Wann würde er geboren werden?

Die Niederkunft kam unerwartet (wie so oft) während Dr. Tans Vortrag. Plötzlich, mitten in einem Klassenzimmer, gebar ich meine eigene Zukunft – Feng Shui.

San Diego, 1996   *Terah Kathryn Collins*

Danksagung

So wie man eine Gemeinschaft braucht, um ein Kind aufzuziehen, so braucht man auch eine Gemeinschaft, um ein Buch zu schreiben. Dieses Buch wurde von der liebevollen und unterstützenden Gemeinschaft der Menschen geschrieben, die ich meine Freunde und Familie nenne.

Meine grenzenlose Dankbarkeit gilt Alice und Whit Beatson, Arnold Patent, Pam King, Arlene Swope, Dr. Richard Tan, Louis Audet, Meister Lin Yun, Sarah Rossbach, Eddie Baumruk und Evelyn Thomas, Ron Tillinghast, Jill Kramer, Lisa Roth, Marilyn Felter, Michael Karsh, Cheryl Rice, Jackie und Richard Earnest, Mary Lou LoPreste, Shivam Kohls, Dale und Blanca Schusterman, Rosemary KimBal und Carylee Stone.

Außerdem Louise Hay, deren Humor mir Energie gab, die mich beim Schreiben angeleitet und mich hundertmal oder öfter ermutigt hat, ich solle »einfach weiterschreiben!«

Und schließlich meinem Ehemann und dem Vater dieses Buches, Brian Collins, der mich jeden Tag mit seiner Liebe, Unterstützung und reinen Begeisterung umarmt. Seine Leichtigkeit des Seins und sein natürliches Verständnis für Feng Shui haben viel dazu beigetragen, daß dieses Buch mit Leichtigkeit und Freude geboren wurde.

Dieses Buch ist ein praktischer Leitfaden, der den Menschen in westlichen Kulturen zeigt, wie sie das traditionelle Wissen des Feng Shui (ausgesprochen Feng Schwei), der chinesischen Kunst der Raumgestaltung, zu ihrem Vorteil anwenden können. Dieser Leitfaden ist keine vollständige Abhandlung über Feng Shui. Hier geht es vielmehr darum, die Prinzipien und Praktiken des Feng Shui für Menschen aus dem westlichen Kulturkreis klar und verständlich darzustellen. Wenn ich durch meine »Feng-Shui-Augen« blicke – Augen, die das Chi oder die Energie in unserer materiellen Welt wahrnehmen –, dann sehe ich, daß eine solche Darstellung dringend erforderlich ist.

Zu Beginn meiner Laufbahn als Feng-Shui-Beraterin bat mich eine Immobilienmaklerin, mir sechs Häuser anzusehen, die seit über einem Jahr zum Verkauf standen, aber keinen Käufer gefunden hatten. In jedem dieser Häuser fand ich eklatante Feng-Shui-Probleme. In einem stand etwas hinter jeder Tür, so daß man keinen Raum ungehindert betreten oder verlassen konnte. In einem anderen Haus führte die Treppe direkt auf die Haustür zu, während Möbel und Unordnung die Durchgänge blockierten. Ich machte die Türschwellen frei, stellte die Möbel um, glich architektonische Probleme aus, rundete Kanten ab und gab viele Empfehlungen, was die Bewohner tun oder lassen, hinzufügen oder wegnehmen sollten, um den Fluß des Chi zu fördern. Ich hoffte, die von mir vorgeschlagenen Verbesserungen würden die Häuser für potentielle Käufer attraktiver machen. Was dann jedoch geschah, überraschte sowohl mich als auch die Maklerin. Innerhalb der nächsten 30 Tage nahmen vier der sechs Eigentümer ihre Häuser vom Markt, weil sie ihnen nun wieder gefielen und die Leute plötzlich nicht mehr umziehen wollten. Die anderen beiden Häuser waren in der Zwischenzeit verkauft worden. Ich kann mich noch erinnern, wie schockiert die Maklerin aussah, als wir über die Ergebnisse sprachen. Da sie nicht sicher sein konnte, daß Feng Shui ihren geschäftlichen Erfolg fördern würde (was wäre gewesen, wenn alle sechs Kunden ihre Häuser vom Markt genommen hätten?), war sie nicht daran interessiert, die von ihr angebotenen Häuser in Zukunft einer Feng-Shui-Behandlung zu unterziehen. Aber sie würde den Käufern gewiß Feng-Shui-Beratungen zum Einzug ins neue Haus schenken.

Seit jenen bemerkenswerten Ereignissen habe ich in Hunderten von Häusern und Büros gearbeitet. Obwohl der Ausdruck »Feng Shui« für die Menschen im Westen oft mysteriös und fremdartig klingt, handelt es sich im Grunde um eine vernünftige Sammlung von Ideen und Handlungsanweisungen, die jedem Menschen einleuchten, der die Welt ganzheitlich betrachtet. Feng Shui basiert auf der Voraussetzung, daß das Leben der Menschen glücklicher, gesünder und erfolgreicher wird, wenn sie ihr Heim und ihren Arbeitsplatz harmonisch gestalten. Für Häuser gilt dasselbe wie für den menschlichen Körper: Je »gesünder« die Körper unserer Häuser sind, desto besser fördern sie ein reiches, kreatives Leben voller Freude. Oft behaupten die Leute, die von mir vorgeschlagenen Veränderungen seien so offensichtlich – aber warum haben sie dann nicht längst schon selbst daran gedacht?!

Für viele von Ihnen liegt das Verständnis der Prinzipien des Feng Shui zum Greifen nah. Mit diesem Leitfaden und ein wenig Übung können Sie Harmonie, Behaglichkeit und Gleichgewicht in fast jede Umgebung bringen – auch in ein überfülltes Büro, ein Reihenhaus oder eine Etagenwohnung. Sie können Ihr Heim oder Ihren Arbeitsplatz diagnostizieren und heilen, oft sogar dann noch, wenn schwerwiegende architektonische Ungleichgewichte oder Landschaftszerstörungen vorliegen, oder wenn Sie sich für ein völlig unpassendes Haus entschieden haben. Die Antworten auf solche Probleme sind oft einfach und vernünftig. Sie brauchen nur Ihre Feng-Shui-Augen zu öffnen und sich umzusehen.

Dieses Buch gibt Ihnen Anleitungen für eine neue Sichtweise. Es stellt Ihnen die faszinierenden Konzepte des Chi, des Yin und Yang und der fünf Elemente vor, die eine große Hilfe sind, wenn Sie Ihre Umgebung untersuchen und ins Gleichgewicht bringen wollen. Sie werden lernen, wie man problematische Orte und strukturelle Eigenschaften erkennt und korrigiert. Dieses Buch enthält auch viele praktische Vorschläge und Beispiele, wie Sie die Dinge gestalten und anordnen können – von der Haustür bis zum Schreibtisch –, um Glück und Erfolg zu fördern. Es zeigt Ihnen Wege, wie Sie Ihre Umgebung mit Gegenständen aufwerten können, die leicht zu finden sind und mit denen es sich wunderbar leben läßt.

Außerdem erklärt dieses Buch die Bagua-Karte (ausgesprochen Bahg-wah), ein bemerkenswertes Werkzeug, mit dem Sie positive Veränderungen in Ihrem persönlichen und beruflichen Leben herbeiführen können. Über das Buch verteilt finden Sie viele Erfahrungsberichte, die die Wirkung der Feng-Shui-Prinzipien noch weiter verdeutlichen.

Genießen Sie es, Ihre gewohnte Umgebung durch die Feng-Shui-Augen neu zu entdecken. Sie begeben sich damit auf eine Reise ins eigene Innere, dorthin, wo Sie die meiste und wichtigste Zeit Ihres Lebens verbringen!

Wenden Sie die Prinzipien des Feng Shui an, wenn

- Sie ein neues Wohnhaus oder Bürogebäude planen und bauen.
- Sie ein neues Wohnhaus oder Geschäftshaus mieten oder kaufen wollen.
- Sie Ihr Haus oder Ihren Arbeitsplatz verändern oder erweitern wollen.
- Sie vorhaben, ein Gebäude oder ein Stück Land zu verkaufen.
- Sie Ihren Wohlstand mehren, Ihre Beziehungen verbessern, Ihre Gesundheit fördern oder Ihr Leben auf andere Weise aufwerten wollen.
- Sie feststellen, daß Ihr Leben sich seit dem Einzug in Ihr derzeitiges Haus oder Büro wesentlich geändert hat.
- Sie das Gebäude, in dem Sie leben oder arbeiten, segnen wollen.

Kapitel 1

Feng Shui, die chinesische Kunst der Raumgestaltung

Feng Shui, ein chinesischer Ausdruck, der »Wind und Wasser« bedeutet, ist älter als der Konfuzianismus und der Taoismus

> *Das Paradies ist dort, wo ich bin.* Voltaire

und wird in China seit über dreitausend Jahren praktiziert. Die frühen Feng-Shui-Praktiker entschieden darüber, an welchen Stellen Häuser und Dörfer errichtet wurden. Ein guter Bauplatz zeichnete sich dadurch aus, daß die Lebensenergie Chi dort auf harmonische Weise floß und das menschliche Leben unterstützte.

Die Feng-Shui-Praktiker verließen sich bei der Bewertung des Landes auf ihre hochempfindlichen Sinne, ihre Intuition und das Wissen, das ihre Lehrer ihnen vermittelt hatten. Auf vielfältige Weise übersetzten Sie die Sprache der Berge, Täler oder Wiesen in eine Sprache, die die Bewohner der jeweiligen Gegend verstehen und zu ihrem eigenen Vorteil anwenden konnten. Insofern waren die Feng-Shui-Praktiker dafür verantwortlich, daß Wohnhäuser oberhalb der überfluteten Ebenen und unterhalb der starken Winde lagen, in der sicheren Umarmung des Landes, das mit harmonischem Chi gesegnet war. Oft als »Bauch des Drachens« bezeichnet, hatte eine klassische, harmonische Umgebung vielfach die Form eines gerundeten Sessels. Der bevorzugte Bauplatz befand sich in der Ebene und wurde auf drei Seiten von Bergen, Hügeln oder einem Wald eingerahmt, ähnlich wie Rückenlehne und Armlehnen einen Sessel umgeben. Auf der Vorderseite des Bauplatzes fiel das Land zu einem Fluß, Bach, Teich oder See hin ab, wobei das Wasser den idealen Standort vervollständigte.

Feng-Shui-Praktiker achteten sehr auf die intuitiven Eindrükke, die sie empfingen, wenn sie mit dem Land »verschmolzen« und die Eigenschaften seines Chi erspürten. Sie horchten auf jedes Geräusch, schmeckten die Erde, erkundeten die Umgebung, achteten auf die Konturen der Landschaft, suchten nach Mustern, die Wind und Wasser eingegraben hatten, und hielten Ausschau nach positiven oder negativen Zeichen. Jedes äußere Merkmal war ein Hinweis auf die Eigenschaften des Chi der Umgebung, Tierknochen, abgestorbene Bäume sowie scharfkantige oder vom Wasser ausgewaschene Felsen galten oft als schlechtes Omen, während lebendiges Blätterwerk, mäandernde Bäche und eine vielfältige Tierwelt den Menschen, die sich dort niederlassen wollten, Glück, Gesundheit und Lebensfreude verhießen.

Wenn der passende Bauplatz gefunden war, übernahmen die Feng-Shui-Praktiker die Leitung des Bauvorhabens, damit die positiven Eigenschaften des Chi nicht beschädigt wurden. Sie wählten die Baumaterialien und überwachten jeden Schritt, um weiterhin einen günstigen Fluß des Chi sicherzustellen. Das Gebäude war wie ein Edelstein, der perfekt gefaßt wurde. Eine falsche Bewegung hätte das empfindliche Gleichgewicht zwischen den von Menschen geschaffenen Strukturen und der natürlichen Umgebung verletzen oder zerstören können.

Feng Shui im Westen

Um Feng Shui heute zu praktizieren, müssen wir die traditionelle Weisheit des Feng Shui mit unseren eigenen intuitiven, forscherischen, diagnostischen und kommunikativen Fähigkeiten mischen. Unsere westliche Heimat unterscheidet sich erheblich von dem Szenario, das die ursprünglichen Feng-Shui-Praktiker vorfanden. Viele Gebäude befinden sich an Stellen, die die traditionellen Praktiker niemals ausgewählt hätten, und oft brechen Form und Ausgestaltung der Gebäude alle klassischen Feng-Shui-Regeln.

Statt ein Gelände zu suchen, auf dem wir unsere Vorstellungen allmählich entwickeln können, gehen wir heute meist von bereits existierenden Gebäuden aus. Wenn die Erbauer nicht sorgfältig waren, haben sie den natürlichen Fluß des Chi um das Gebäude herum gestört. In den meisten Fällen haben wir keinen Einfluß auf die Örtlichkeit, die Richtung sowie die Anordnung der anderen Gebäude und Straßen in dem Gebiet. Insofern steht der Feng-Shui-Praktiker im Westen neuen Herausforderungen gegenüber. Wir finden selten optimale Bedingungen vor. Wenn wir jedoch die Feng-Shui-Prinzipien anwenden, stellen wir fest, daß wir über eine Vielzahl effektiver Werkzeuge verfügen, mit denen wir das Chi verbessern und unsere Umgebung harmonisch gestalten können. Dabei spielt es keine Rolle, ob die Richtung Norden oder Süden, Osten oder Westen ist, ob das Haus in der Stadtmitte oder in einer ländlichen Gegend auf einem Berggipfel liegt; immer kommt es entscheidend darauf an, einen gesunden Fluß des Chi zu gewährleisten. Genauso wie Menschen gleichen sich auch keine zwei Gebäude in ihrer

Form und Funktion. Die Herausforderung und die Freude beim Feng Shui bestehen darin, die Meridiane oder Kanäle des Chi durch unsere Wohnungen und Büros in ein harmonisches Gleichgewicht zu bringen, um die gewünschten Resultate zu erzielen: Gesundheit, Wohlstand und Glück.

Werden Sie Ihr eigener Feng-Shui-Praktiker! Die Kunst und Wissenschaft des Feng Shui stellt Ihnen zahlreiche Werkzeuge zur Verfügung, mit denen Sie Ihre Umgebung positiv verändern können. Wenn Sie diese Werkzeuge anwenden, brauchen Sie sich nicht mehr zu fragen, was Sie tun sollen, sondern Sie werden es mit Ihren Feng-Shui-Augen genau sehen. Sie werden genau wissen, an welcher Schraube Sie drehen müssen.

Feng Shui hier und heute

Die Erfahrung hat mich gelehrt, die Feng-Shui-Prinzipien überall anzuwenden, wo ich mich aufhalte. Das heißt, auch eine Mietwohnung oder ein gemietetes Büro, ein Hotelzimmer oder ein »vorübergehendes« Quartier muß harmonisch gestaltet werden. Ich empfinde es als große Hilfe, auch bei noch so kurzfristigen Aufenthalten – wenn ich beispielsweise einen Workshop veranstalte oder auf meinen Reisen irgendwo übernachte – das Chi der Umgebung zu verbessern (vgl. Feng Shui auf Reisen, Seite 247).

Viele Menschen freuen sich darauf, Feng Shui in ihrem neuen Haus anzuwenden – sobald sie es gekauft haben. Aber sie halten es für eine Verschwendung von Zeit und Geld, eine gemietete Bleibe, in der sie nur ein oder zwei Jahre wohnen, auf dieselbe Weise optimal zu gestalten. Das ist so, als würde man sagen: »Ich warte noch ein oder zwei Jahre, bevor ich gut für mich sorge.« Wohnungen oder Büroräume mit ungünstigem Chi können die Energien der dort lebenden Menschen erschöpfen, auch wenn sie sich nur kurze Zeit darin aufhalten. Auf der anderen Seite zieht eine mit Chi angereicherte Umgebung alle möglichen Vorteile und günstigen Gelegenheiten an. Wenn Sie ein Haus bauen oder einfach nur gut leben wollen, dann sollten Sie alles tun, was in Ihrer Macht steht, um hier und jetzt Ihr persönliches Paradies zu schaffen. Das Chi, das sich jetzt durch den Raum bewegt, in dem Sie leben und arbeiten, ist von lebenswichtiger Bedeutung für Ihre Gesundheit, Ihren Wohlstand und Ihr Glück. Beginnen Sie also dort, wo Sie jetzt sind. Ihre gegenwärtige Umgebung in ein optimales Gleichgewicht zu bringen, ist einer der besten Wege, um Ihren Zielen, Hoffnungen und Träumen für die Zukunft Energie zu verleihen und sie zu verwirklichen.

Kapitel 2

Wie man eine Karte vom Meer des Chi erstellt

Es gibt drei grundlegende Prinzipien, auf denen Feng Shui basiert. Diese Prinzipien definieren das Chi, die Lebensenergie, die alles, was existiert, miteinander verbindet und durch die Kreisläufe des Lebens bewegt.

Alles ist lebendig

Alle Dinge der materiellen Welt sind mit Lebensenergie ausgestattet, die als Chi bezeichnet wird. Das gilt auch für solche Gegenstände, die uns vielleicht als unbelebt erscheinen wie Autos, Computer, Möbel und Gerätschaften sowie für Felsen, Pflanzen, Landschaften und Gebäude. Jedes Stück Materie ist »lebendig« und verfügt über sein eigenes, einzigartiges Chi. Zugleich übernimmt es die Chi-Eigenschaften, die wir durch unsere Reaktionen, Erfahrungen und Erinnerungen darauf übertragen. Wenn

*Gut auszusehen
ist nicht so wichtig
wie ein gutes Schicksal.*

*Ein gutes Schicksal
ist nicht so wichtig
wie ein freundliches Herz.*

*Ein freundliches Herz
ist nicht so wichtig
wie ein positiver Zustand des Chi.*

Chinesisches Sprichwort

wir uns in Übereinstimmung mit den Dingen um uns herum befinden, haben wir ein tiefes Gefühl von Harmonie, Wohlbefinden und Sicherheit. Wenn wir uns umsehen und feststellen, daß alles um uns herum »lebendig« ist, dann ist es ganz offensichtlich von enormer Bedeutung, daß wir uns mit Dingen umgeben, die uns angenehm sind.

Im Feng Shui betrachtet man Gebäude als dynamische, lebendige »Körper«, deren einziger Zweck darin besteht, ihre Bewohner umfassend zu unterstützen und zu fördern. Idealerweise verhält sich das Chi der Gebäude den Menschen gegenüber sehr harmonisch und aufbauend, und ihre »Umarmung« kann durchaus wörtlich verstanden werden. Alles, was hinter diesem optimalen Zustand zurückbleibt, bedarf einer sofortigen Korrektur, um die Sicherheit, das Wohlbefinden und Glück derjenigen zu gewährleisten, die in einem solchen Haus leben und arbeiten. Wohnungen und Arbeitsplätze erfüllen ihren Zweck, wenn sie von den Menschen, die dort leben, als sicherer Hafen, kraftvolles Sprungbrett, behagliches Nest und persönliches Paradies empfunden werden.

»Was für den einen Müll ist, hütet der andere wie ein Schatz«, sagt man, um darauf hinzuweisen, daß unsere Gedanken und Erinnerungen einen Gegenstand lebendig machen können. Eine glückliche Erinnerung kann dem einfachsten Ding enorm viel lebendiges Chi verleihen, von dem wir jedesmal zehren, wenn wir den Gegenstand betrachten. Ein Tannenzapfen oder eine Feder, die Sie bei einer besonderen Gelegenheit gefunden haben, die Teetasse, in der es bei Großmutter immer heißen Kakao gab, das verblaßte Foto, auf dem Sie mit ihrer besten Freundin im Alter von sechs Jahren zu sehen sind – das sind beispielsweise solche Gegenstände, die dadurch besonders lebendig werden, daß Sie sich immer glücklich fühlen, wenn Sie sie ansehen. Dinge, mit denen Sie unglückliche Erinnerungen verbinden oder die Ihnen einfach nicht gefallen, verfügen nicht über das lebendige, vitale Chi, das Ihnen Unterstützung gibt. Der schnellste Weg, die negative Energie solcher Gegenstände in etwas Frisches und Positives zu verwandeln, besteht darin, diese Dinge loszulassen, indem man sie verkauft, verschenkt oder wegwirft. Ihr Müll gelangt so wieder in den Energiestrom und wird für einen anderen Menschen vielleicht zum Schatz. Das Chi kann wieder erneuert werden, während Sie die Leichtigkeit des Seins genießen, die aufkommt, wenn Sie Ihr Gepäck verringern und sich nur mit Dingen umgeben, mit denen Sie positive und glückliche Gedanken verbinden.

Alles hängt mit allem zusammen

Das Chi verbindet alle materiellen Dinge. Wir leben in einem Netzwerk, in dem alles mit allem verknüpft ist. Werfen Sie einen Kieselstein in den Teich und beobachten Sie, wie die Wellen sich über das gesamte Wasser ausbreiten. Das zeigt Ihnen, welche besondere Bedeutung Ihre Nachbarschaft und die Gemeinde haben, denn das Chi, das dort fließt, strömt auch, weitgehend unverändert, durch Ihr Heim oder Ihren Arbeitsplatz.

Der Grundsatz, daß alles mit allem zusammenhängt, setzt sich im Haus und in der Wohnung fort. Das chaotische Chi aus einem überfüllten Kleiderschrank überträgt sich beispielsweise auf den Rest des Hauses und kann den gesamten Wohnraum negativ beeinflussen. Genauso kann das angenehme, aufbauen-de Chi einer schönen Eingangshalle durch die weitere Umge-bung pulsieren und sich auf alles belebend auswirken. Noch wichtiger ist die Tatsache, daß die Chi-Eigenschaften des Schrankes oder der Eingangshalle mit dem Rest unseres Le-bens verbunden sind. Beispielsweise könnte der überfüllte, chaotische Kleiderschrank Ihre Pünktlichkeit beeinträchtigen, was möglicherweise eine Beförderung am Arbeitsplatz verhin-dert – und das wiederum könnte finanzielle Schwierigkeiten, Eheprobleme und Gesundheitsstörungen nach sich ziehen. Dinge, die klein und unbedeutend erscheinen – ein unbeque-mer Stuhl, ein grelles Licht, ein Tisch mit scharfen Kanten – können erheblichen Einfluß auf Ihre Lebensenergie haben, wenn Sie ständig davon betroffen sind. Wenn sich die schöne Eingangshalle dagegen an ihrem Arbeitsplatz befände, könnte sie sich positiv auf Ihre Gesundheit und Ihre Beziehungen aus-wirken, Ihre Kreativität fördern und Ihnen finanzielle Vorteile bringen. Zu Ihrem Vorteil oder Nachteil verbindet das Chi Sie mit allem und verleiht allen Dingen in Ihrem Leben Bedeutung.

Alles verändert sich

Das Chi in allen Dingen verändert sich ständig. Wachstum und Bewegung führen zu diesen Veränderungen und sind dynami-sche Zeichen eines lebendigen Chi. Das einzige, was in unse-rem materiellen Universum Bestand hat, ist die Veränderung.

Wir erleben den Wandel, wohin wir auch sehen – im Lauf der Jahreszeiten, in unseren Gemeinden, in unserem Körper, unseren Geisteszuständen und unseren Gefühlen. Unsere Umgebung ist also nicht nur lebendig und mit der weiteren Umwelt verbunden, sondern sie befindet sich auch in einem ständigen Veränderungsprozeß. Unser Heim und unser Arbeitsplatz unterliegen im Laufe der Zeit nicht nur einem materiellen Wandel, sondern spiegeln auch die Veränderungen der dort lebenden Menschen.

In meiner Feng-Shui-Praxis habe ich festgestellt, daß die Leute, wenn sie aus dem Urlaub, von einem Seminar oder einem Kursus zurückkommen oder ihre Sachen für einen Umzug zusammenpacken, plötzlich das Bedürfnis haben, bestimmte Dinge in ihrer Umgebung neu zu gestalten oder bestimmte Dinge wegzuwerfen. Die Veränderungen, die sie erfahren haben, geben ihnen eine neue Sichtweise, die wie ein Laserstrahl wirkt und alles beleuchtet, was zu Hause oder im Büro nicht mehr zweckmäßig oder vorteilhaft ist. Ein altes Möbelstück, ein überfülltes Bücherregal, eine zu groß gewordene Pflanze oder ein Bild, das an eine unglückliche Zeit erinnert, »schreit« plötzlich nach Veränderung. Indem sie ihrer neuen Sichtweise trauen und das tun, was ihnen jetzt nötig erscheint, holen sich diese Menschen ein frisches, harmonisches Chi in ihre Umgebung. Noch wichtiger ist, daß sie buchstäblich die positiven Veränderungen, die sie erfahren haben, in ihrem Leben verankern, so daß ihr »neues Selbst« durch die veränderte Umgebung ständig unterstützt und gefördert wird.

Es ist interessant festzustellen, daß eine Umgebung tatsächlich einen Menschen in alte Verhaltensmuster zurückziehen kann, wenn zu Hause oder am Arbeitsplatz keine Veränderungen vorgenommen werden, die den inneren Wandel der betreffenden Person widerspiegeln. Die Umgebung wirkt wie ein großer Magnet oder Anker, der die alten Muster und Erfahrungen fest an Ort und Stelle hält. Denken Sie beispielsweise an eine Frau, die einen einwöchigen Gesundheitskursus mitmacht, um sich neue Koch- und Eßgewohnheiten anzueignen. Wenn sie wieder nach Hause kommt, wird sie feststellen, daß ihre Küche umgebaut werden muß, damit sie zu der neuen Art, mit Nahrungsmitteln umzugehen, paßt. Wenn sie die Küche genauso läßt, wie sie war, wird sie in Versuchung kommen, zu ihren alten Eßgewohnheiten zurückzukehren. Wenn sie die Küche jedoch so verändert, daß sie zu einem Ankerplatz für das neuerworbene Wissen wird und eine entsprechende Praxis unterstützt, dann fällt es ihr wesentlich leichter, dieses Programm durchzuführen.

Es gibt ein chinesisches Sprichwort: »Wenn du etwas in deinem Leben verändern willst, dann bewege 27 Dinge in deinem Haus.« Worauf es hier ankommt, ist die Verankerung Ihres neuesten Selbst in der Umgebung, indem Sie diese Umgebung dem anpassen, was Sie jetzt sind und sein wollen. Veränderung gehört zum Leben und kann zum eigenen Vorteil genutzt werden.

Gleichzeitig kann Veränderung ein Spiel sein, das Spaß macht. Viele Leute kaufen sich Möbel, die ewig halten sollen, wählen dazu passende Kunstwerke aus und glauben, das seien Anschaffungen fürs Leben. Feng Shui schlägt ihnen vor, alles leichter zu nehmen und in ihrer Umgebung Veränderungen zuzulassen, die sich mit der Zeit ergeben, es wachsen und mit dem Augenblick tanzen zu lassen. Seien Sie phantasievoll, witzig, phantastisch, ausgeflippt und sagenhaft. Vergessen Sie nicht: Es verändert sich sowieso alles!

Lebendig, mit allem verbunden und dynamisch ... Feng Shui betrachtet Ihr Haus oder Ihren Arbeitsplatz als eine lebendige Einheit, mit der Sie entweder eine harmonische oder eine disharmonische Partnerschaft eingehen. Wenn Sie diese Lebendigkeit respektieren, die vitale Bedeutung für Ihr gesamtes Leben anerkennen und Veränderungen vornehmen, um alles frisch und lebendig zu halten, dann bleibt Ihr Heim ein angenehmer Platz zum Leben. Es fördert, schützt und unterstützt Ihr Wachstum und Ihren Weg durchs Leben.

Das chinesische Symbol für Chi

Kapitel 3

Wie Sie Ihre Feng-Shui-Augen öffnen

In diesem lebendigen, dynamischen »Meer des Chi«, in dem alles mit allem verbunden ist, können Sie sich ständig mit Chi umgeben, das Ihr Leben unterstützt und nährt. Sie haben

> *Hör auf, mit dem Verstand zu sehen, und sieh mit dem lebendigen Geist.*
> Chuang Tsu

wahrscheinlich schon festgestellt, daß nicht jedes Chi so wirkt. Stellen Sie sich vor, Sie würden Ihre Mittagsmahlzeit in einem überfüllten, fensterlosen Raum einnehmen, in dem es kalt ist und wo Sie auf einem harten Stuhl an einem Tisch sitzen, auf dem sich Akten und schmutzige Teller stapeln. Und nun stellen Sie sich vor, Sie würden dieselbe Mahlzeit in einem warmen, geräumigen Zimmer mit einer schönen Aussicht einnehmen und dabei auf einem bequemen Stuhl an einem Tisch sitzen, der mit einer Kerze und einem farbenprächtigen Blumengesteck geschmückt ist. In welchem Raum würden Sie Ihre Zeit lieber verbringen?

Die meisten Menschen haben ein großes Verlangen nach dem Chi, das von Schönheit, Behaglichkeit und Sicherheit ausgestrahlt wird. Viele Menschen sind sogar regelrecht ausgehungert danach. Unsere Kultur leidet darunter, wie wir im Alltag versuchen, irgendwie »zurechtzukommen« – wir leben und arbeiten in einer Umgebung, die unästhetisch, unbehaglich und unsicher ist. Ich glaube, daß wir solche Bedingungen nur deshalb ertragen, weil wir uns nicht bewußt machen, wie negativ sich unsere Umgebung auf unser Leben auswirken kann. Wir gehen davon aus, daß unser Leben in Teilbereiche zerstückelt ist, die nicht unbedingt etwas miteinander zu tun haben.

Beim Feng Shui geht es dagegen um das Ganze, nicht um die Teile. Alles ist lebendig, alles ist mit allem verbunden und in ständigem Wandel. Wir erkennen intuitiv, daß ein Büro mit niedrigen Decken, summenden Neonleuchten und einem in die Ecke gezwängten Tisch unser ganzes Leben beeinflußt.

Was können wir in einem solchen Fall tun? Feng Shui sagt uns, daß wir alles in unserer Macht Stehende tun sollten, um diesen Ort in ein Büro zu verwandeln, das einen geräumigen Arbeitsplatz mit Blick zur Tür hat, eine ordentliche Beleuchtung und einen ausgezeichneten Stuhl. Ein ausgewogenes Chi, das ein dynamisches Gleichgewicht hervorbringt – das ist die Absicht des Feng Shui.

Das Chi drückt sich auf vielfältige Weise in allem aus, was Sie umgibt. Wenn Sie genau darauf achten, wie sich das Chi in Ihrer Umgebung ausdrückt, dann werden Sie lernen, »das Chi zu lesen«, eine Fähigkeit, die man braucht, um mit den Prinzipien des Feng Shui zu arbeiten.

Yin und Yang

Das nährende Chi, welches das Feng Shui verbessern will, schafft stets einen Ausgleich zwischen zwei Extremen. Traditionell werden diese beiden Extreme Yin und Yang (vgl. Liste auf Seite 40) genannt, und mit diesen Eigenschaften verbindet man vielfältige Assoziationen. Yin hat einen Bezug zum Weiblichen, zur Rückseite, zur Dunkelheit, zur Kälte, zur Weichheit, zur Nässe, zu Erde und Mond und so weiter. Yang hat dagegen einen Bezug zum Männlichen, zur Vorderseite, zur Helligkeit, zur Hitze, zur Härte, zur Trockenheit, zum Himmel und zur Sonne. Die meisten Menschen bevorzugen den »Mittelweg« oder eine perfekte Mischung aus diesen Yin- und Yang-Eigenschaften.

Wenn eine auffallende Architektur und Gestaltung zu extrem gerät, kann daraus ein Feng-Shui-Alptraum werden. Scharfe Kanten, außergewöhnliche Proportionen und übertriebene Formen mögen künstlerisch reizvoll sein, aber in der Regel eignen sie sich nicht als behagliche Wohnungen für menschliche Wesen. Je extremer eine Form Yin oder Yang ist, desto weniger eignet sie sich als Wohnraum oder Arbeitsplatz. Ein Raum ist beispielsweise extrem Yin, wenn er dunkel und höhlenartig ist, mit schwarzen Möbeln, spärlicher Beleuchtung und einer niedrigen Decke. Ein Raum, der stark Yang ist, wäre dagegen ziemlich geräumig, mit hohen Decken und großen Fenstern, durch die das Sonnenlicht hereinflutet – ein spärlich möblierter Wohnraum mit eckigen Möbeln und Tischen. Um das extreme Yin auszugleichen, fügen wir Yang-Komponenten wie hellere Lampen und warme Pastellfarben hinzu. Um das übermäßige Yang auszugleichen, verwenden wir Yin-Komponenten wie weiche Polstermöbel, gerundete Fensterdekorationen und kräftige Farben. Wenn Yin und Yang ausgewogen sind, entsteht daraus eine Zone der Behaglichkeit, in der die Leute sich wohlfühlen.

Generell kann man sagen, daß Menschen eine gute Balance zwischen Yin und Yang zu schätzen wissen. Nach Möglichkeit suchen wir uns instinktiv einen Platz, wo alles genau »stimmt«.

Feng-Shui-Liste der Yin-und Yang-Bezüge	
阴	阳
YIN	YANG
weiblich	männlich
kalt/kühl	warm/heiß
dunkel	hell
Rückseite	Vorderseite
weich	hart
gebogen	gerade
gerundet	eckig
Erde	Himmel
Mond	Sonne
niedrig	hoch
klein	groß
gemustert	einfarbig
weit	eng
horizontal	vertikal
geblümt	geometrisch

Wenn wir uns darauf konzentrieren, in unserer Umgebung Ausgewogenheit und Harmonie herzustellen, entsteht eine gewisse menschenfreundliche Schönheit.

Aber was ist mit Ihrem persönlichen Geschmack? Vielleicht sind Sie absolut begeistert von Ihrer neun Meter hohen Decke, dem riesigen weißen Raum oder dem sonnendurchfluteten Büro zur Straßenseite. Das sind hervorragende Beispiele dafür, daß Ihr persönlicher Geschmack mehr in die Yang-Kategorie gehört. Aber vielleicht finden Sie auch gerade diese dunkle höhlenartige Ecke im Souterrain behaglich, die ein Gefühl vermittelt, als wäre man wieder im Mutterleib, oder Sie lieben Ihr winziges geblümtes Schlafzimmer. In diesem Fall bevorzugen Sie persönlich eher Yin-Eigenschaften. Wenn Sie die Dinge, die Sie lieben, um sich haben wollen, ist das ein Ausdruck Ihres eigenen, individuellen Chi. Ganz gleich, wie stark Sie ins Detail gehen und alle Gegenstände in die Kategorien Yin und Yang einordnen, wichtig ist, daß Sie Ihre persönlichen Vorlieben und Neigungen respektieren, wenn Sie Ihr individuelles, persönliches Paradies schaffen. Wenn Ihr oberstes Ziel darin besteht, ein Leben zu führen, in dem Sie mit Dingen umgeben sind, die

Ihnen gefallen, dann spielt es keine Rolle, ob man das Ergebnis als »Spitze«, »stark«, »Country«, »Deko«, »eklektisch« oder »zeitgemäß« bezeichnet. Worauf es ankommt ist, daß es sich um einen freudigen Ausdruck Ihrer selbst handelt.

❖ **Übung:**
Nehmen Sie sich einen Augenblick Zeit, um zu sehen, wie das Chi sich in dem Raum ausdrückt, in dem Sie sich jetzt befinden. Gefällt Ihnen das, was Sie sehen, und fühlen Sie sich in Ihrer Umgebung absolut wohl? Benutzen Sie die Yin/Yang-Liste auf Seite 40 und stellen Sie fest, welche entsprechenden Merkmale den Raum kennzeichnen, ob Yin oder Yang überwiegt oder ob es sich um eine relativ ausgewogene Mischung handelt. Wenn Sie Ihre Feng-Shui-Augen auf diese Weise benutzen, können Sie exakt ausmachen, was in diesem Raum vielleicht benötigt wird, um daraus eine perfekte Zone der Behaglichkeit zu gestalten.

Wenn Ihnen der Raum gefällt, kennen Sie jetzt das ungefähre Verhältnis von Yin und Yang, das Ihre persönliche Zone der Behaglichkeit prägt, und Sie können die anderen Zimmer entsprechend gestalten.

Die fünf Elemente im Feng Shui

Nachdem Ihre Feng-Shui-Augen nun den Ausdruck von Yin und Yang erkennen, wollen wir untersuchen, wie das Verhältnis der fünf Elemente in unserer Umgebung ist. Diese Elemente sind: Holz, Feuer, Erde, Metall und Wasser, und sie gelten als die Bausteine der gesamten materiellen Welt. Hervorgegangen aus der

Polarität von Yin und Yang manifestieren sich die fünf Elemente in zahllosen Variationen und Kombinationen. Im Feng Shui weiß man, daß menschliche Wesen aus allen fünf Elementen bestehen und sich deshalb typischerweise am wohlsten fühlen, wenn sämtliche Elemente in ihrem Heim oder am Arbeitsplatz vertreten sind. Obwohl es unendlich viele elementare Assoziationen gibt, die mit jedem Aspekt des Lebens zu tun haben, wollen wir uns hier auf die Beschreibungen der fünf Elemente konzentrieren, die eine Beziehung zu Heim und Arbeitsplatz haben.

Es gibt drei Fähigkeiten, die wir entwickeln und benutzen müssen, wenn wir mit den fünf Elementen arbeiten:

1. Wir müssen die Elemente in einer bestimmten Umgebung erkennen.
2. Wir müssen bewerten, ob Elemente ergänzt werden sollten oder sonstige Korrekturen erforderlich sind.
3. Wir müssen spezielle Empfehlungen geben können, wie sich ein Gleichgewicht der Elemente herstellen läßt.

Die Fähigkeit, die Elemente zu erkennen, zu bewerten und auszugleichen, ermöglicht es (dem geübten Auge) genau zu sehen, was getan werden muß, um die Elemente in einer bestimmten Umgebung in ein perfektes Gleichgewicht zu bringen. Dies ist eins der wirksamen Werkzeuge des Feng Shui, das uns darauf hinweist, an welcher Stelle man ansetzen muß, um positive Ergebnisse zu erzielen. Bevor ich gelernt hatte, die Elemente zu erkennen, konnte ich zwar Ungleichgewichte in der Umgebung feststellen, aber ich wußte nicht genau, warum sie bestanden und was man dagegen tun konnte. Nun sagen mir die Elemente, was ich tun muß, um zu einem Gleichgewicht zu kommen.

Jedes der fünf Elemente hat ein reichhaltiges Spektrum von Bezügen – einschließlich Farben, Formen und Eigenschaften –, welche die Grundlage der Beobachtung bilden und die Richtung des Ausdrucks bestimmen. Außerdem entstehen immer wieder neue Kombinationen von Elementen (vgl. Seite 47). Der schnellste und einfachste Weg, die Sprache der Elemente zu lernen, besteht darin, daß wir unsere eigene Umgebung entsprechend definieren. Es mag Ihnen zunächst ungewohnt erscheinen, den Ausdruck der Elemente wahrzunehmen. Aber mit zunehmender Übung beherrschen Sie die neue Sprache bald flüssig und können überall den Tanz der Elemente beschreiben.

❖ **Übung:**

Beginnen Sie mit dem Zimmer, in dem Sie jetzt sitzen. Benutzen Sie das Fünf-Elemente-Arbeitsblatt auf Seite 44 und die Listen der Elemente auf Seite 45 und 46 und suchen Sie:

1. die Elemente selbst: Holz, Feuer, Erde, Metall und Wasser.
2. Dinge, die aus den Elementen hergestellt sind, beispielsweise Möbel aus Holz, die das Holz-Element repräsentieren.
3. Dinge, die die Elemente repräsentieren, beispielsweise Steine, die einen Bezug zum Metall-Element haben, oder Spiegel, die das Wasser-Element repräsentieren.
4. Kunstwerke, die die Elemente darstellen, beispielsweise Landschaftsbilder, die das Holz-Element repräsentieren, oder Tierskulpturen, die das Feuer-Element repräsentieren.
5. Gegenstände, deren Farbe oder Form einen Bezug zu den Elementen hat, beispielsweise ein roter Sessel, der das Feuer-Element repräsentiert, oder ein quadratischer Tisch, der das Erd-Element repräsentiert.

Das Fünf-Elemente-Arbeitsblatt

Datum:	
Raum:	
⬜	*Erde:*
◎	*Metall:*
〜	*Wasser:*
▯	*Holz:*
△	*Feuer:*
Kombination der Elemente:	
Vorschläge:	

Das Holz-Element findet man in

- Möbeln und Accessoires aus Holz
- holzgedeckten Böden, Decken, Wänden etc.
- allen Zimmer- und Gartenpflanzen sowie getrockneten Blumen und künstlichen Blumen aus Seide oder Kunststoff
- allen Textilien aus Pflanzenfasern wie Baumwolle oder Leinen
- allen Polstermöbeln, Tapeten, Dekorationen und Stoffen mit Blumenmustern
- allen Kunstwerken, die Landschaften, Gärten, Pflanzen und Blumen darstellen
- allen Formen, die einem Baumstamm gleichen, beispielsweise Säulen, Balken, Sockel, Pfähle und Streifen
- grünen und blauen Farben

 *Das Feuer-Element findet man in*

- allem, was Licht gibt, einschließlich elektrischer Lampen, Öllampen, Kerzen und natürlichem Sonnenlicht sowie Öfen und offenen Kaminen (vgl. »Beleuchtung« auf Seite 217)
- allem, was aus Tieren hergestellt wurde, beispielsweise Fell, Leder, Knochen, Federn und Wolle
- Haustieren und freilebenden Tieren
- Kunstwerken, die Menschen oder Tiere darstellen
- Kunstwerken, die Sonnenschein, Licht oder Feuer darstellen
- Formen wie Dreiecken, Pyramiden oder Kegeln
- roten Farben

Das Erd-Element findet man in

- Lehmsteinen, Ziegeln und Kacheln
- Gegenständen aus Keramik oder Ton
- quadratischen und rechteckigen Formen und langen, glatten Oberflächen
- gelben Farben und Erdtönen
- Kunstwerken, die erdhafte Landschaften wie Wüsten, Felder etc. darstellen

 Das Metall-Element findet man in

- allen Arten von Metall, einschließlich Edelstahl, Kupfer, Messing, Eisen, Silber, Aluminium und Gold
- allen Felsen und Steinen wie Marmor, Granit und Fliesen
- natürlichen Kristallen und Edelsteinen
- Kunstwerken und Skulpturen aus Metall oder Stein
- der weißen Farbe und hellen Pastellfarben
- Kreisen, Ovalen und Bögen

 *Das Wasser-Element findet man in*

- Bächen, Flüssen, Teichen, Brunnen und Wasser-Merkmalen aller Art (vgl. »Wasser-Merkmale« auf Seite 224)
- spiegelnden Oberflächen wie geschliffenem Kristall, Glas und Spiegeln
- freifließenden und unregelmäßigen Formen
- der schwarzen Farbe und dunklen Farben wie Anthrazit und Nachtblau

Kombinationen der Elemente

Es ist interessant festzustellen, welche Elemente in den Gegenständen in Ihrer Umgebung kombiniert sind. Ein Aquarium, das man klassischerweise im Feng Shui benutzt, um das Chi zu verbessern, ist ein hervorragendes Beispiel dafür, wie sich alle fünf Elemente zu einem einzigen Ausdruck verbinden. Das Wasser selbst repräsentiert zusammen mit dem Glasbehälter das Wasser-Element; die Pflanzen sind ein Ausdruck des Holz-Elementes; die Fische symbolisieren das Feuer-Element; der Sand repräsentiert das Erd-Element; die Steine symbolisieren das Metall-Element. Stellen Sie sich Ihren Lieblingsplatz draußen in der Natur vor, und Sie werden auch dort wahrscheinlich eine harmonische Mischung aus allen fünf Elementen finden, sei es nun auf einer Insel, in den Bergen oder tief im Wald.

Zu Hause und am Arbeitsplatz können Sie die fünf Elemente auf vielfältige Weise mischen. Denken Sie nur an die zahllosen Möglichkeiten, die sich ergeben, wenn Sie die Gegenstände, Farben und Formen kombinieren, die einen Bezug zu den jeweiligen Elementen haben. Beispielsweise können Sie vor einem Spiegel (der das Wasser-Element repräsentiert) eine gesunde Pflanze (repräsentiert das Holz-Element) in einem roten Terrakotta-Topf (repräsentiert Feuer und Erde) aufstellen. Um das Metall-Element zu ergänzen, könnten Sie dann noch einen polierten Stein oder eine kleine Bronzefigur zu der Pflanze stellen, und schon haben Sie alle fünf Elemente in einem einfachen Arrangement zusammen.

Ausdruck der Elemente

Die Elemente verbinden sich auf zahllose Arten, um die materiellen Formen zu schaffen. Eine der einfachsten Möglichkeiten, mit den fünf Elementen in Ihrer Umgebung zu arbeiten, besteht darin festzustellen, welche Elemente fehlen – auf einem Tisch, in einem Zimmer, in einem Haus, auf einem Grundstück –, und diese Elemente dann zu ergänzen. Sie sollten dabei geistig ausgeglichen sein und Dinge verwenden, die Sie lieben. Wie Sie wissen, können die einfachsten Gegenstände eine Mischung aus verschiedenen Elementen darstellen. Ich will einen Tisch in meinem Büro als Beispiel nehmen. Er setzt sich aus drei Elementen zusammen: Er ist rechteckig (Erde), schwarz (Wasser) und mit Blumen bemalt (Holz). Um die anderen beiden Elemente zu ergänzen, habe ich ein rundes, weißes Tablett (Metall) und eine Lampe (Feuer) daraufgestellt. Dieses Arrangement verbindet auf harmonische Weise alle fünf Elemente und erhöht und verbessert so das Chi im Zimmer.

Bei der Arbeit mit den fünf Elementen üben Sie sich in einer völlig neuen Art zu sehen. Lassen Sie sich Zeit und entspannen Sie sich dabei. Man kann die Dinge so weit in ihre Elemente zerlegen, daß man sich selbst damit verrückt macht. Aber das ist nicht unser Ziel. Es geht lediglich darum, die übergreifende Zusammensetzung der Elemente bei einem Gegenstand oder in einer Umgebung zu erfassen, um das erwünschte Ergebnis zu erzielen – ein Gleichgewicht der Elemente.

❖ Übung:

Wählen Sie ein Möbelstück, z. B. einen Tisch, einen Sekretär oder eine Anrichte. Analysieren Sie die darin enthaltenen Elemente. Wenn sie nicht vollständig sind, entscheiden Sie, wie Sie die fehlenden Elemente ergänzen können. Wenn Sie alle fünf Elemente zu einer harmonischen Anordnung vereint haben, achten Sie darauf, ob Sie tatsächlich spüren können, wie das Chi in Ihrer Umgebung stärker und ausgewogener ist.

Analysieren Sie jetzt den Raum, in dem Sie sich befinden, im Hinblick auf die fünf Elemente. Betrachten Sie den Raum nicht auf die gewohnte Weise und machen Sie sich auch keine Gedanken darüber, ob er Ihnen gefällt oder nicht, sondern erstellen Sie einfach eine Liste der Elemente, die Sie in diesem Raum umgeben. Prüfen Sie anschließend, ob es ein vorherrschendes Element gibt oder irgendwelche Elemente fehlen. Denken Sie darüber nach, wie Sie die fehlenden Elemente ergänzen könnten.

Die Kreisläufe der Erzeugung und Kontrolle der fünf Elemente

Im Kreislauf der Erzeugung der fünf Elemente (vgl. Abb. auf Seite 51) bringt jedes Element das andere hervor und erhält es in einem perfekten Gleichgewicht:

- Wasser nährt Holz,
- Holz unterhält Feuer,
- Feuer bringt Erde hervor,
- Erde schafft Metall,
- Metall hält Wasser.

Der Kreislauf der Erzeugung zeigt uns, wie sich die Elemente gegenseitig in einem sich ständig erneuernden Kreislauf stärken und nähren. Wenn alle fünf Elemente in einer Umgebung vorhanden sind, ist das natürliche Gleichgewicht erreicht.

Im Kreislauf der Kontrolle sehen wir, wie die Elemente sich gegenseitig beherrschen und kontrollieren:

- Holz verbraucht Erde,
- Erde dämmt Wasser ein,
- Wasser löscht Feuer,
- Feuer schmilzt Metall,
- Metall schneidet Holz.

Dabei dürfen wir nicht vergessen, daß der Kreislauf der Kontrolle keine negativen Auswirkungen hat. Vielmehr stellt er einen der besten Wege dar, die Elemente ins Gleichgewicht zu bringen, und wir können ihn an vielen Stellen beobachten, die wir für besonders schön halten.

Stellen Sie sich vor, Sie wandern durch eine Wüste und der Sand erstreckt sich, soweit das Auge reicht. Dann erscheinen am Horizont plötzlich die Konturen einer Reihe alter Bäume, die ihre belaubten Zweige gen Himmel recken. Das ist gemeint, wenn es heißt, daß Holz (die Bäume) Erde (die Wüste) verbraucht. Stellen Sie sich vor, Sie sind in einem tiefen Wald unterwegs, einer Landschaft, in der Pflanzen und Bäume ohne Ende stehen. Dann stoßen Sie hinter einer Wegbiegung zwischen den Bäumen auf eine Ansammlung von Felsblöcken, die mit Moos überzogen und von zahllosen Adern durchsetzt sind. Hier schneidet Metall (die Felsblöcke) das Holz (die Bäume). Oder denken Sie an den Blick über einen endlosen Ozean, wo in der

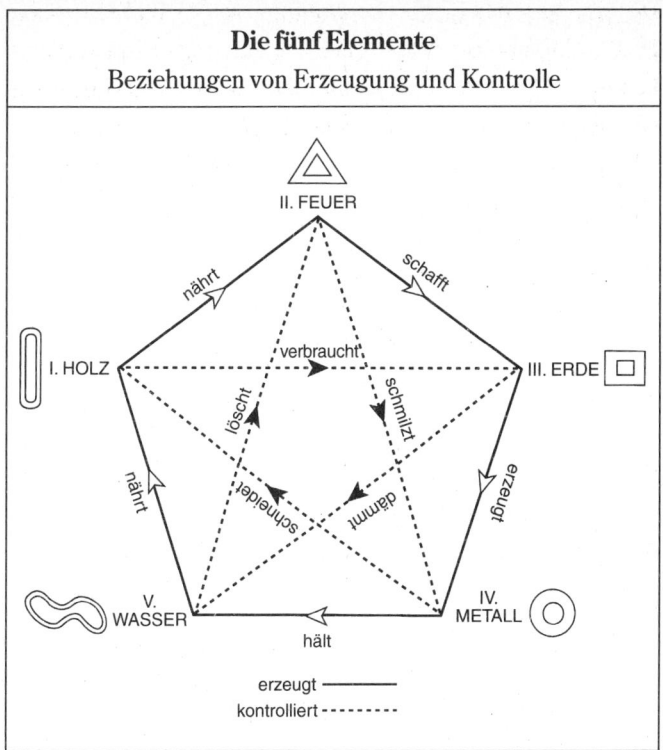

Die fünf Elemente

Beziehungen von Erzeugung und Kontrolle

II. FEUER

nährt

schafft

I. HOLZ

verbraucht

III. ERDE

löscht

schmilzt

nährt

schneidet

dämmt

erzeugt

V.
WASSER

IV.
METALL

hält

erzeugt ——————
kontrolliert - - - - - - -

Ferne der goldene Sandstrand einer Insel schimmert. Hier dämmt Erde (die Insel) das Wasser (den Ozean) ein. Die Natur zeigt uns ständig Beispiele dafür, wie der Kreislauf der Kontrolle Gleichgewicht und Schönheit hervorbringt.

Wenn wir ein Gleichgewicht des Chi in der Umgebung herstellen wollen, dann sollten wir uns sowohl des Kreislaufs der Erzeugung als auch des Kreislaufs der Kontrolle bewußt sein. Wenn ein bestimmtes Element stark überwiegt, dann zeigt Ihnen der Kreislauf der Kontrolle, welches andere Element Sie einsetzen können, um rasch zu einer Balance zu kommen. Anschließend können Sie sich dann dem Kreislauf der Erzeugung zuwenden, um das Gleichgewicht der Elemente zu vervollständigen.

Viele Häuser, in denen ich gearbeitet habe, werden vom Holz-Element beherrscht. So ist es auch in meinem eigenen Haus, das ich hier als Beispiel anführen will. Es ist mit Holzschindeln gedeckt, die Fassade besteht aus Holz, und das Haus ist von Gärten und Bäumen umgeben. Drinnen sind geblümte Tapeten an den Wänden, es gibt viele Einbauschränke und andere Einrichtungsgegenstände aus Holz. Überall ist Holz, Holz, Holz!

Als wir dort einzogen, wußte ich sofort, wir würden keine Zimmerpflanzen und keinen Eichenboden brauchen, die beide einen Bezug zum Holz-Element haben. Was wir brauchten, war eine starke Dosis des Metall-Elementes – welches Holz kontrolliert –, um ein Gleichgewicht der Elemente im Haus herbeizuführen. Wir kauften cremefarbene Sofas mit gerundeten Arm- und Rückenlehnen, Bettwäsche in Pastellfarben und cremefarbene Teppichböden, alles Dinge, die einen Bezug zum Metall-Element haben. Außerdem hatten wir eine Sammlung von Bronze-Lampen und Natursteinen – beide repräsentieren das Metall-Element – und verteilten sie im Haus. Ich ersetzte auch die große, mit Blumen bemalte Kachelplatte auf unserem Kaffeetisch durch eine einfache weiße Marmorplatte, da sowohl die Farbe als auch der Stein einen Bezug zum Metall-Element haben. Um das Metall noch weiter zu stärken, sorgte ich dafür, daß das Erd-Element, welches Metall nährt, betont wurde, indem wir eine große goldgelbe Kerze auf den Kaffeetisch stellten. Auf diese Weise wurde gleichzeitig das Feuer-Element ergänzt. Da Holz das Feuer nährt, half die Kerze symbolisch, das überschüssige Holz im Haus zu »verbrennen«.

Der aus Ziegeln gemauerte Kamin repräsentierte ebenfalls Feuer und Erde. Wenn der Kamin während der Sommermonate nicht benutzt wird, mache ich daraus einen Steingarten, für den ich Sand (Erde) und verschiedene rundliche, helle Steine (Metall) verwende. Abgesehen von einem großen Spiegel über dem Kamin habe ich sorgfältig ein Übermaß an Wasser-Symbolen vermieden, weil Wasser im Kreislauf der Erzeugung Holz nährt. Von der bestehenden »holzigen« Umgebung ausgehend wäre es ein Fehler gewesen, dunkle Polstermöbel, Stoffe oder Teppiche ins Haus zu bringen, weil sie einen Bezug zum Wasser-Element haben. Ein übermäßiger Einsatz von Spiegeln, Glas oder Kristall wäre aus demselben Grund problematisch gewesen.

Wenn Sie mit dem Kreislauf der Kontrolle arbeiten, sollten Sie folgendes berücksichtigen:

- Falls das dominierende Element Holz ist, führen Sie als kontrollierendes Element Metall ein und setzen Sie Akzente mit Erde und Feuer. Verwenden Sie nicht zu viel Wasser.
- Falls das dominierende Element Feuer ist, führen Sie als kontrollierendes Element Wasser ein und setzen Sie Akzente mit Metall und Erde. Verwenden Sie nicht zu viel Holz.
- Falls das dominierende Element Erde ist, führen Sie als kontrollierendes Element Holz ein und setzen Sie Akzente mit Metall und Wasser. Verwenden Sie nicht zu viel Feuer.
- Falls das dominierende Element Metall ist, führen Sie als kontrollierendes Element Feuer ein und setzen Sie Akzente mit Wasser und Holz. Verwenden Sie nicht zu viel Erde.

- Falls das dominierende Element Wasser ist, führen Sie als kontrollierendes Element Erde ein und setzen Sie Akzente mit Holz und Feuer. Verwenden Sie nicht zu viel Metall.

❖ **Übung:**

Sie können jetzt ein interessantes Experiment machen. Ich werde diese Übung zunächst beschreiben und Ihnen dann ein Beispiel geben.

Wählen Sie einen Raum in Ihrem Haus oder Büro, der von einem Element beherrscht wird. Sehen Sie sich zunächst den Kreislauf der Erzeugung an, um festzustellen, welches Element das dominierende nährt. Suchen Sie nun einen Gegenstand, der das nährende Element repräsentiert, und stellen Sie ihn an einen besonders exponierten Platz im Raum. Beobachten Sie die Auswirkungen auf das Chi. Entfernen Sie nun diesen Gegenstand und ersetzen ihn durch einen anderen, der das kontrollierende Element repräsentiert. Beobachten Sie wiederum die Auswirkungen auf das Chi.

In meinem Wohnzimmer ist beispielsweise Holz das dominierende Element. Wasser nährt das Holz. Um das Wasser-Element zu betonen, lege ich dunkle Stoffe über die Sofas. Dadurch wird das Holz-Element noch weiter gefördert, und ich stelle fest, daß das Chi im Raum »sumpfig« und abstoßend wird, weil so viel dunkle, wässrige Farbe das ohnehin dominierende Element Holz weiter nährt.

Dann mache ich die Sofas, deren grelle Cremefarbe das Metall-Element repräsentiert, wieder frei, und ich beobachte den Unterschied. Das »sumpfige« Chi verschwindet, und ein Gefühl von Behaglichkeit und Ausgewogenheit erfüllt den Raum. Dann füge ich meine Erd- und Feuer-Akzente hinzu, um die Balance der Elemente noch weiter zu verbessern.

Dieses Experiment ist ein echter Feng-Shui-Augenöffner. Die meisten Menschen sind verblüfft, wie man eine Umgebung positiv verändern kann, indem man einfach das dominierende Element durch sein kontrollierendes Gegenstück ausgleicht und einige weitere Akzente hinzufügt. Man kann hier von Feng-Shui-Alchemie sprechen: Die richtige Mischung der fünf Elemente schafft eine Umgebung aus Gold.

Kapitel 4

Standort, Standort, Standort

Die Überschrift dieses Kapitels ist bei Immobilienmaklern eine beliebte Begründung für den Preis eines Objektes. Der Standort bedeutet in ihrer Welt alles, und er spielt auch eine Schlüsselrolle in der Welt des Feng Shui. Einige

Liebe deinen Nächsten wie dich selbst, aber sei vorsichtig bei der Wahl deiner Nachbarschaft.
Louise Beal

Standorte sind von der Natur begünstigt – sie haben sämtliche richtigen Eigenschaften an den richtigen Stellen. Die meisten Standorte haben jedoch einige weniger optimale Aspekte, die einen Ausgleich benötigen. Im Feng Shui geht es auch darum, welchen Standort bestimmte Merkmale des Hauses wie Türen, Fenster, Ecken und Balken einnehmen, wo Straßen vorbeiführen und Nachbarhäuser stehen. Jeder dieser Aspekte hat Auswirkungen auf Ihr Haus oder Ihren Arbeitsplatz – Auswirkungen, die Sie so positiv wie möglich gestalten sollten.

Nach meiner Überzeugung gibt es nur sehr wenige wirkliche hoffnungslose Fälle. Wenn Sie in einer ausgewogenen Umgebung leben wollen und zu diesem Zweck die Feng-Shui-Prinzipien anwenden, dann können Sie Schwächen oder Schäden der Umgebung meist erfolgreich ausgleichen. Das äußere Umfeld reagiert auf eine behutsame, liebevolle Behandlung. Selbst ein leichter Anstieg des Chi kann die Veränderungen herbeiführen, die man für eine ausgewogenere Struktur braucht.

Ein schönes Zuhause

Wir wissen, daß der ideale Standort für ein Haus irgendwo zwischen den Berggipfeln und der Flußebene liegt, wobei alle fünf Elemente in einem harmonischen Verhältnis vorhanden sein sollten. Wenn das nicht der Fall ist, müssen wir versuchen, entsprechende Bedingungen zu schaffen. Man kann die ideale Form des »Lehnstuhls« um ein Haus herum herstellen, indem man Hecken und Bäume pflanzt oder das Grundstück einzäunt. Man kann auf der Vorderseite des Hauses das Wasser-Element einführen, indem man dort irgendein Wasser-Merkmal plaziert oder einen gewundenen Pfad anlegt, der an fließendes Wasser erinnert. Man kann sich »einkuscheln«, der Umgebung seinen persönlichen Stempel aufdrücken und das Chi verbessern, indem man Blumenbeete, einen Gemüsegarten, eine Terrasse, Liegeflächen, Grotten und Ziergärten anlegt. Setzen Sie Akzente mit Steinmauern, Felsblöcken und weißen Blumen, um das Metall-Element hervorzuheben. Stellen Sie Tier- oder Menschenfiguren auf und pflanzen Sie leuchtend rote Blumen, um das Feuer-Element zu betonen. Stärken Sie das Erd-Element mit goldfarbenen oder gelben Blumen. Die Möglichkeiten sind grenzenlos!

Wenn Sie in einer Etagenwohnung ohne eigenen Garten leben oder aus anderen Gründen keinen Garten haben, wenden Sie dieselben Prinzipien innerhalb der Wohnung an. Holen Sie sich die Natur ins Haus. Je städtischer die Umgebung ist, desto wichtiger wird es, die fünf Elemente in ihrer natürlichen Form ins Haus zu bringen. Dazu gehören Pflanzen, Blumen, Steine, Muscheln, Leder, Wolle, Kerzen und Wasser. Ein kleines Wasser-Merkmal im vorderen Zimmer einer Wohnung oder eines Hauses symbolisiert das fließende Wasser auf der Vorderseite des Grundstücks und schafft harmonische Klänge, die die Geräusche der Stadt in den Hintergrund treten lassen. Große Pflanzen symbolisieren den schützenden Wald im hinteren Teil der Wohnung, während Vorhänge an den Fenstern die Seiten Ihres Hauses schützen.

Die Straße, in der wir leben

Im Feng Shui betrachtet man Straßen als »Kanäle«, durch die das Chi in verschiedenen Geschwindigkeiten fließt, von den rauschenden Flüssen der Autobahnen über die mäandernden Bäche der Landstraßen bis zu den Stop-and-go-Sümpfen der städtischen Kreuzungen.

In vielen westlichen Ländern lebt ein großer Teil der Bevölkerung nahe an den rauschenden Flüssen von Autobahnen und Schnellstraßen mit starkem Verkehr. Hier fließt das Chi viel zu schnell, als daß es die Gebäude, das Land oder die Menschen am Straßenrand nähren könnte. Abgesehen von den offensichtlichen gesundheitlichen Nachteilen, die solche Standorte für die Menschen haben, kann das schnellfließende Chi auch zu einer »Erosion« der Grundstücke führen, denen das nützliche Chi dann geraubt wird. Je größer die belebten Straßen sind, und je näher sie Ihrem Haus kommen, desto mehr müssen Sie das Chi aufbauen und stärken, um ein gesundes Gleichgewicht zu schaffen (entsprechende Vorschläge finden Sie im Kapitel über die grundlegenden Werkzeuge des Feng Shui auf Seite 211). So reinigen Pflanzen beispielsweise die Luft von Giftstoffen und können einen Sichtschutz bilden, ganz gleich ob Sie einen »Stadtwald« zwischen Ihrem Haus und der Straße anlegen oder auf dem Balkon vor Ihrer Etagenwohnung Topfpflanzen aufstellen. Wasser-Merkmale oder harmonische Klangkörper beleben einen Bereich mit nährendem Chi und bilden einen Schallschutz gegen den Verkehrslärm. Zäune und Mauern sind ein Anfang, aber sie müssen mit lebenden oder beweglichen Elementen verstärkt werden, um das Chi ständig zu erfrischen.

Eine Herausforderung sind auch Sackgassen und T-Kreuzungen. Wenn man sie als Kanäle betrachtet, kann man sehen, daß die Straße endet, während sich das Chi wie eine Flutwelle direkt auf das Haus am Ende der Straße zubewegt. Dagegen wäre nichts einzuwenden, wenn dieses Chi sich positiv auf die dort lebenden Menschen auswirken würde. In den meisten Fällen ist das heranflutende Chi jedoch zu stark, um gesund zu sein. Als schützende Barriere zwischen Haus und Straße können Blätterwerk, Zäune oder andere Formen der Landschaftsgestaltung dienen. Diese Barriere schützt vor dem heranflutenden Chi von der Straße, während sie gleichzeitig das Haus direkt mit nährendem Chi versorgt.

Wenn man Straßen als Kanäle betrachtet, kann man im allgemeinen sehr leicht feststellen, ob ihr Chi sich positiv oder negativ auf die Menschen auswirkt. Wie immer gilt: Je extremer ein Merkmal ist – in diesem Fall die Straßen –, desto größer ist die Wahrscheinlichkeit, daß es eines Ausgleichs bedarf, um Wohlbefinden und Harmonie zu schaffen.

Unsere Fenster und Türen

Das Chi fließt durch Fenster und Türen in die Gebäude hinein und aus ihnen heraus. Um den Hauptweg des Chi durch ein Gebäude zu »sehen«, müssen Sie durch die Eingangstüre blicken. Die Fenster und/oder Türen, die Sie von diesem Punkt aus sehen können, zeigen den Hauptweg, den das Chi nimmt. Das gilt genauso für jeden einzelnen Raum. Stellen Sie sich in den Eingang und blicken Sie durch die Fenster oder andere Türen; dort sehen Sie den Hauptweg des Chi.

Wie immer wollen wir auch hier einen angenehmen, freundlichen, mäandernden Fluß zwischen Türe und Fenster. Je größer das eine oder andere ist, desto wahrscheinlicher wird sich das Chi zu schnell bewegen, um den Bereich, durch den es fließt, zu nähren. Stellen Sie sich beispielsweise vor, Sie betreten ein Büro und sehen, daß auf zwei Seiten des Raums riesige Fenster vom Boden bis zur Decke reichen. Der Anblick ist »phantastisch« und könnte Sie leicht quer durch den Raum ziehen. So wird auch jedes bißchen Chi, das durch die Tür hereinkommt, mit einem Ruck quer durch den Raum und durch die riesigen, hinreißenden Quadrate aus Glas nach draußen befördert. So schön derartige Fenster sein mögen, sie sind problematisch, wenn es darum geht, das Chi länger als einige Sekunden im Zimmer zu halten. Wer in diesem Büro arbeitet, erlebt wahrscheinlich eine Schwächung seines Chi in Gestalt einer überwältigenden Arbeitslast, viel Streß und endloser Aktivität ohne viel Unterstützung. Er oder sie steht sozusagen unter einem tödlichen Yang-Einfluß. Dies ist ein Beispiel für ein extremes architektonisches Yang-Merkmal, das durch Yin-Einflüsse ausgeglichen werden muß, damit das zur Tür hereinströmende Chi eine Chance hat, sich sanft durch das Zimmer zu bewegen und den Raum zu nähren, bevor es wieder hinausfließt. Dazu braucht man vielleicht nicht mehr als weich fallende Vorhänge, niedrige waagerechte Reihen von Schränken vor den Fenstern oder eine mit Pflanzen und Skulpturen geschmückte Ecke, wodurch Yin und Yang ausgeglichen werden und der Raum harmonisch gestaltet wird.

Wenn auf der anderen Seite ein Zimmer gar keine Fenster hat, die dem Chi einen Weg vorgeben, kann es zur Stagnation oder zum Chi-Mangel kommen. In vielen Badezimmern und Büros trifft man auf dieses Problem. Yang-Einflüsse wie große Spiegel vergrößern einen solchen Raum und viele Chi-Verstärker wie Blumen, helle Farben, Lampen und Gegenstände aus der Natur helfen, mehr Chi in den Raum zu bringen.

Immer wenn ein Fenster oder eine Tür einem anderen Fenster oder einer Tür direkt gegenüber liegt, besteht die Tendenz, daß das Chi zu schnell durch den Raum zwischen den beiden Öffnungen fließt. Wenn Sie beim Öffnen der Haustüre auf der gegenüberliegenden Seite gleich die Hintertür oder ein Fenster sehen, fließt das Chi auf einem Weg, der wahrscheinlich zu stark beschleunigend wirkt, als daß es die Umgebung noch nähren könnte. Wenn eben möglich sollten Sie dazwischen einen Paravent, ein Möbelstück, Pflanzen oder ein Kunstwerk aufstellen, um den Fluß des Chi zu verlangsamen und in andere Bereiche des Hauses zu lenken. Die Situation ist ähnlich wie in unserem Verdauungssystem: Damit uns das Chi unserer Umgebung gut ernähren kann, darf es sich weder zu schnell noch zu langsam bewegen.

Die Fenster und Türen anderer Leute

Wir alle schätzen ein gewisses Maß an Ungestörtheit, und im Feng Shui hat dies eine hohe Priorität, weil man weiß, daß sich Störungen negativ auswirken. Die Umgebung, in der wir leben und arbeiten, ist unser persönliches Reich, und damit wir sie als unser persönliches Paradies empfinden können, muß sie frei von Störungen sein. In unseren Städten und Vorstädten stehen die Häuser oft dicht an dicht, und von jedem Fenster und jeder Tür können wir die Fenster und Türen anderer Gebäude sehen. Als Teil einer idealen Raumgestaltung müssen wir in unserer Wohnung und oft auch in unserem Arbeitsbereich mit großem Geschick für Ungestörtheit sorgen.

Unsere Beziehungen zu unseren Nachbarn, ob sie nun in der Wohnung oder im Haus nebenan leben, sind weitaus harmonischer, wenn wir das Gefühl haben können, daß sie uns nicht ständig beobachten. Ich bin in vielen Häusern gewesen, deren Bewohner darauf warten, daß die Bäume im Garten wachsen, damit sie sich ungestörter fühlen können. Die Beziehungen dieser Menschen zu ihren Nachbarn sind meist gespannt, weil allzu große Nähe Unbehagen auslöst. Wie wir wissen, hat das Chi, das in unserer Nachbarschaft zirkuliert, ständig Auswirkungen auf unsere Gesundheit und unser Wohlbefinden. Deshalb ist es am besten, wenn wir für ein gutes Verhältnis zu unseren Nachbarn sorgen und gleichzeitig sicherstellen, daß ihre Blicke aus Fenstern und Türen nicht in unser privates Reich eindringen können.

Zu diesem Zweck bieten sich Vorhänge an solchen Fenstern und Türen an, welche den Fenstern und Türen anderer Häuser gegenüberliegen. In Extremfällen, wenn beispielsweise die Haustür des Nachbarhauses direkt gegenüber Ihrer eigenen Haustür liegt, können Sie draußen einen kleinen Spiegel aufhängen, der das eindringende Chi zurückreflektiert. Pflanzen, die in der richtigen Höhe aufgehängt oder aufgestellt werden, können auch Ungestörtheit vermitteln, ebenso wie Paravents, Zäune oder gut plazierte Kunstgegenstände. Entscheidend ist, dafür zu sorgen, daß Sie nicht das Gefühl haben, jemand könnte Sie sehen, indem er einfach in Ihre Richtung blickt.

Büros und Arbeitsplätze

Ein abgeschlossener kleiner »Drachenbauch« – ein sicherer Platz, der Sie vor der Welt schützt – ist nicht unbedingt der ideale geschäftliche Standort. Hier bevorzugen wir das »Auge des Drachen« – der Außenwelt zugewandt, klar und zielgerichtet. Wenn man ein Geschäft einrichtet, gelten ein hervorragender Standort und Werbung als entscheidende Erfolgskriterien. Dennoch findet man viele Geschäfte letzten Endes sozusagen im Schwanz des Drachen wieder. Je unsichtbarer Ihr Geschäft für die Öffentlichkeit ist, desto mehr müssen Sie das Chi stärken, um Ihre wirtschaftlichen Interessen wahrzunehmen.

Die grundlegenden Feng-Shui-Werkzeuge (vgl. Seite 211), kann man sowohl im privaten als auch im geschäftlichen Bereich geschickt einsetzen. Unterschätzen Sie nicht die Macht leuchtender Fahnen und Transparente, Klangkörper wie Glocken, Musik und Wasser, farbenprächtige Muster Ihrer Waren, die im Wind wehen – das alles kann Kunden anziehen. Ich habe festgestellt, daß Transparente mit leuchtenden Farben, Symbolen und/oder Logos Ihres Geschäftes besonders ins Auge fallen und eine fröhliche Atmosphäre schaffen, die den Kunden gefällt. Solche Gegenstände wirken wie große, freundliche Hände, die die Leute einladen, hereinzukommen und sich zu vergnügen. Windspiele, Glocken und Musik eignen sich ebenfalls gut, um die Leute buchstäblich im Vorübergehen zu erreichen. Es ist besonders wichtig, das Chi eines abgelegenen Standortes entsprechend zu balancieren, indem man sich mit Hilfe von Farben, Bewegung und Atmosphäre »ausstreckt«.

So war es beispielsweise bei einer Blumengroßhändlerin, die auch an Privatkunden verkaufte. Der Eingang ihres Ladens war von der Straße aus nicht zu sehen, und große Hinweisschilder durfte sie in diesem Bereich nicht aufstellen. Durch die Anwendung der Feng-Shui-Prinzipien erkannte ich jedoch, daß dieses Geschäft sich »ausstrecken« und auf eine farbenfrohe, kreative Weise Kunden anziehen konnte. Nachdem eine strahlend bunte Blumengirlande auf die Seite des Hauses gemalt worden war, wurden Kunden auf den Laden aufmerksam und um das Haus herum zum Eingang geleitet. Ich schlug außerdem vor, die Kasse an einen anderen Platz zu stellen, um das mit Reichtum und Wohlstand zusammenhängende Chi zu verbessern (vgl. Bagua-Karte auf Seite 103), den Arbeitstisch umzustellen, um mehr Kunden anzuziehen, und schöne Vasen auszustellen, um das Warenangebot zu erhöhen und den Laden ansprechender zu gestalten. Das attraktive Bild der Blumengirlande auf der Hauswand und die Veränderungen im Inneren des Ladens wirkten durchschlagend: Die Kunden strömten herein und kauften riesige Sträuße frischer Blumen und Zubehör, und das Geschäft blühte.

Aber auch Geschäfte, die einen günstigen Standort haben, müssen das Chi im Inneren verbessern, um Kunden anzulocken. Wenn die Leute im Vorbeigehen einen Blick in einen solchen Laden werfen, können sie unwiderstehlich durch etwas angezogen werden, das ihnen ins Auge fällt. So war es beispielsweise bei einer großen Optik-Firma, die mich um eine Feng-Shui-Beratung beim Ladenumbau gebeten hatte. Ich schlug vor, man solle ein strahlend buntes Transparent mit dem Namen der Firma auf der hinteren Wand des Ladens befestigen. Als die Leute dann im Vorübergehen einen Blick hineinwarfen, wurden sie auf die schönen Farben auf der Rückwand aufmerksam und dadurch in den Laden gezogen.

Ich habe die Inhaber vieler Läden und Geschäfte beraten, die alle denselben Fehler machten. Sie füllen ihre Schaufenster mit Hinweisen, Informationen und Fotos der von ihnen angebotenen Waren und Dienstleistungen und verbauen damit die Sicht ins Innere. Das kommt besonders häufig bei kleineren Geschäften vor, die medizinische Dienstleistungen, Naturkost, Feinkost oder Spezialitäten anbieten. Die Leute werden dann nicht von irgend etwas Schönem im Laden angezogen, sondern statt dessen passiert folgendes: Entweder sie sehen sich die Informationen im Schaufenster an, erfahren dort, was sie wissen wollen, und gehen weiter, oder sie fühlen sich von so viel optischen Informationen erschlagen und gehen gleich vorbei. Keine der beiden Möglichkeiten ist geschäftsfördernd. Auch wenn die Ladeninhaber es für eine gute Dienstleistung halten, interessante Neuigkeiten und Informationen im Schaufenster auszustellen – sie tun damit weder sich selbst noch ihren Kunden einen Gefallen.

Kürzlich habe ich ein Gesundheitszentrum beraten, das einen hervorragenden Standort hatte. Als ich mich dem Eingang näherte, zählte ich 14 verschiedene Informationsblätter im Fenster. Wenn man alles lesen wollte, war man eine Viertelstunde beschäftigt. Ich schlug vor, die Fenster freizumachen und dort nur noch die Öffnungszeiten auszuhängen. Dadurch wurde der Blick in die Rezeption frei, die wir umgestalteten, so daß sie einladend und behaglich wirkte. Ein schwarzes Brett im Inneren versorgte nun die Patienten mit Lesestoff und weckte auch Interesse, wenn man es vom Fenster aus sah. Nach diesen Veränderungen kamen mehr Leute herein, um sich nach den angebotenen Dienstleistungen zu erkundigen und Termine für die Sprechstunde des Arztes zu vereinbaren.

Wenn Sie ein Geschäft betreiben, sollten Sie Ihren Standort mit Feng-Shui-Augen betrachten. Wenn die Lage für Laufkundschaft ungünstig ist, müssen Sie draußen etwas unternehmen, um Kunden anzuziehen. Ist die Lage günstig, müssen Sie sich auf das Innere des Ladens konzentrieren und dort einen Anreiz schaffen, damit die Leute hereinkommen. Solche Veränderungen zahlen sich aus, weil Sie dadurch mehr Kunden gewinnen. Im Inneren eines Ladens kann man viele der in diesem Buch beschriebenen Feng-Shui-Prinzipien anwenden. Regale, Vitrinen und Theken sollten möglichst wenig Kanten haben, die sich auf Kunden oder Angestellte richten. Breite Gänge sollten einladend an den Waren entlang führen. Die fünf Elemente sollten sich in einem perfekten Gleichgewicht befinden und eine Umgebung schaffen, in der man sich gerne aufhält – und sein Geld ausgibt. Die Bagua-Zonen (vgl. Bagua-Karte auf Seite 103) des Ladens sind für den Inhaber vorteilhaft zu gestalten. Die Kasse gehört an einen günstigen Standort, entweder in die Reichtums-Zone des Ladens oder in die Reichtums-Zone der Theke. Fehlende Bagua-Zonen werden durch Spiegel oder andere Feng-Shui-Werkzeuge ergänzt, und Decken, Balken und Treppen werden so gestaltet, daß eine harmonische Umgebung entsteht – das sorgt für einen besseren Umsatz, zufriedenere Kunden und mehr Stammkundschaft.

Kapitel 5

Ausgleich struktureller Merkmale

Das Chi, das uns nährt, ist zwischen den Extremen ausbalanciert. In einer harmonischen Umgebung strömt das Chi herein, fließt schwungvoll und erfrischend wie eine Frühlingsbrise durch den Raum

und windet sich dann wieder hinaus. Mit geöffneten Feng-Shui-Augen gehen wir nun daran, alle scharfen Kanten abzuschleifen, die diesen nährenden Fluß des Chi stören oder behindern.

Wir unterziehen uns dieser Mühe, weil ein unfreundliches Chi in unserer Umgebung heimtückisch sein kann. Zwar können wir unser inneres Gleichgewicht aufrecht erhalten, wenn wir uns eine Stunde, einen Tag oder vielleicht sogar eine Woche lang in einer unausgeglichenen Umgebung aufhalten, aber wenn wir dort Tag für Tag, Monat für Monat leben und arbeiten, laugt uns das aus, wie Wassertropfen einen Stein aushöhlen. Es gibt eine klassische Geschichte, die dieses Dilemma deutlich macht. Ein Mann muß sich bücken, um unter einem herunterhängenden Ast hindurch zu seiner Haustür zu gelangen. Weil er den Ast nicht abschneidet, muß er sich ein Jahr lang jeden Tag bücken, um an seine Tür zu kommen. Bald geht er überall nur noch gebückt. Der herabhängende Ast hat die Gangart des Mannes verändert. Seine gebückte Haltung führt zu Krankheit, zum Verlust des Arbeitsplatzes und zu finanziellen Problemen.

Eines Tages kommt der Nachbar des Mannes mit frischem Gemüse aus seinem Garten an die Tür. Der Zweig behindert den Nachbarn, und statt seinen Korb abzustellen und sich zu bücken, geht er mit seinem Gemüse lieber zu einem anderen Haus. Schlimmer noch, der Nachbar geht mit dem Eindruck, daß dieser Mann nicht besonders freundlich ist. Warum würde er sonst den Zweig vor seiner Tür wachsen lassen. Der Nachbar beschließt, den Mann nicht wieder zu besuchen. In den folgenden Tagen berichtet er einigen Leuten von seinem Erlebnis. Jedesmal, wenn jemand die Geschichte weitererzählt, wird sie stärker übertrieben, wobei jeder zu dem Schluß kommt, daß dieser Mann für die Nachbarschaft ein Ärgernis ist, weil er sein Grundstück schlecht in Ordnung hält und abweisend wirkt. Eine scheinbare Bedeutungslosigkeit bekommt so eine überwältigende Gesamtwirkung auf das Leben dieses Mannes.

Menschen treffen ständig Augenblicksentscheidungen, die davon abhängen, was sie beim ersten Anblick einer Person oder eines Gebäudes empfinden. Der störende Zweig hat ausgereicht, um dafür zu sorgen, daß der Nachbar sein Geschenk zu einem anderen Haus brachte und einen schlechten Eindruck gewann, den er anderen mitteilte. Wenn wir diese Geschichte im Hinblick darauf betrachten, was Klienten, Kunden und alle möglichen anderen Leute empfinden, wenn sie unser Haus oder unseren Arbeitsplatz betreten, dann verstehen wir, wie wichtig es ist, daß wir den »roten Teppich« auslegen und den Weg freimachen.

Die Münder des Chi – Türschwellen

Über wie viele Schwellen gehen wir täglich? Jede einzelne gilt als ein »Mund«, durch den das Chi wie der Atem hinein- und herausfließt. Im Feng Shui gilt der Haupteingang als der größte und wichtigste Mund für das Chi. Er repräsentiert unsere Beziehung zur Gesellschaft und soll positives, vitales Chi in Gestalt von Energie, Menschen und Gelegenheiten willkommen heißen und ins Haus lenken. Ein spezifisch angelegter Weg, der von der Straße oder vom Bürgersteig zum Haupteingang führt, hilft, dessen Bedeutung wahrzunehmen und das nährende Chi dorthin zu lenken.

Idealerweise sollten alle Schwellen von Dingen freigehalten werden, die verhindern würden, daß man die Tür vollständig öffnen kann. Schließlich wollen wir möglichst viel nährendes Chi nach drinnen einladen, und selbstverständlich wollen wir auch, daß die eintretenden Menschen sich willkommen und behaglich fühlen. Ich habe viele Häuser und Büros gesehen, in denen Dinge hinter den Türen standen, so daß sie nicht voll geöffnet werden konnten. Solche Hindernisse schränken den Fluß des Chi ein und führen gleichzeitig zu Ärger und Gereiztheit bei den Personen, die die Tür öffnen wollen. Wenn man Türen vollständig öffnen kann, erlaubt das den Leuten, die hindurchgehen, sich ihrerseits vielversprechenden Gelegenheiten, Ressourcen und Lebensumständen voll zu öffnen. Der Weg ist frei für positive Ereignisse. Außerdem sollten auf Türschwellen auch keine Drähte, Kabel, Spielzeug und andere Gegenstände herumliegen, die das Gefühl vermitteln, man müsse vorsichtig sein. Solche »Fallstricke« haben einen negativen Einfluß auf das Chi, sind gefährlich und wirken auf Bewohner und Besucher eher ärgerlich als beruhigend.

Türschwellen sollten uns von einem behaglichen Raum in den nächsten führen. Wenn Sie das Gefühl haben, auf eine Wand zuzulaufen, wenn Sie durch eine Tür treten, dann liegt diese Wand wahrscheinlich zu nah an der Tür. Als Daumenregel sollte der Abstand zwischen Tür und Wand mindestens zwei Meter betragen. Spiegel sind oft die perfekte Lösung für solche Probleme. Auch Gemälde mit einer gewissen Tiefenwirkung wie Bilder von Landschaften oder vom Meer sind eine gute Alternative.

Wände, die man beim Betreten eines Zimmers nur teilweise sieht, können genauso unangenehm wirken. Auf der einen Seite des Gesichtsfeldes ist die Wand relativ nah, während man auf der anderen Seite den Raum im Blick hat. Diese gespaltene Aussicht, die man häufig in Eingangshallen und Schlafzimmern findet, kann für das Gehirn und das Nervensystem sehr verwirrend sein. Sorgen Sie für eine entsprechende Balance, wie Sie es auch bei einer zu nahen Wand machen würden. Verwenden Sie einen Spiegel (groß genug, daß er mindestens Ihren gesamten Kopf reflektiert) oder ein Gemälde mit Tiefenwirkung.

❖ **Übung:**

Stellen Sie etwas hinter den Haupteingang Ihres Hauses, so daß die Tür nur teilweise geöffnet werden kann, und gehen Sie dann mehrmals durch die Türöffnung hindurch. Achten Sie darauf, wie Sie sich fühlen, wenn Sie die Tür nicht vollständig öffnen können. Nun beseitigen Sie das Hindernis, um den Weg völlig freizumachen, und gehen Sie wieder mehrmals hinein und hinaus. Achten Sie auf den Unterschied.

Schwellen für Automobile – Garagen

Viele meiner Klienten, die mich privat konsultieren, leben in Häusern, an die eine Garage angebaut ist, die in Richtung auf die Straße vorsteht. Das mag zwar praktisch sein, aber durch diesen Standort wird die Bedeutung der Garage übermäßig betont und dem mechanischen Bewohner Auto eine große Macht verliehen. In vielen Fällen liegt der Haupteingang hinter der Garage und wirkt klein gegenüber dem riesigen »Maul« des Garagentors. Dadurch entsteht der Eindruck, das Auto sei wichtiger als die Menschen. Das Auto wird zur beherrschenden Kraft – ein perfektes Beispiel dafür, wie ein hervorragender Diener zu einem unglücklichen Herrn wird. Es ist kein Wunder, daß die Leute, die in solchen von einer Garage dominierten Häusern wohnen, oft über zu viel Streß und Aktivität in ihrem Leben klagen und sich darüber beschweren, daß sie ständig von einem Ereignis zum nächsten hetzen und eher in Ihrem Auto »leben« als zu Hause.

Dieses strukturelle Problem wird noch verschärft, wenn in der Garage ein ständiges Chaos herrscht. Denken Sie nur daran, wie oft Sie in Ihre Garage hinein und wieder herausfahren. Was Sie dort sehen, beeinflußt Sie genauso stark wie die Umgebung in jedem anderen Zimmer Ihres Hauses. Wenn der Platz, an dem man ankommt und von dem man abfährt, unordentlich, überfüllt und chaotisch ist, kann das zur Metapher für das eigene Leben werden.

Hier sind einige Vorschläge, wie Sie diese potentiellen Probleme lösen können:

- Wenn Sie Ihr eigenes Haus bauen, sollten Sie die Garage getrennt davon hinter dem Haus oder auf der Seite errichten.

Wenn die Garage in das Haus integriert wird, legt man sie am besten so, daß sie vom Haupteingang nicht zu sehen ist, wobei die Gesamtform des Hauses nicht verändert werden sollte.

- Die Schwelle, d. h. die Haupteingangstür Ihres Hauses ist sehr wichtig, weil sie Ihr Verhältnis zur Gesellschaft repräsentiert. Wenn Ihr Haupteingang hinter der Garage liegt, sollte er symbolisch vorgezogen werden. Dafür gibt es verschiedene Möglichkeiten: kunstvolle Landschaftsgestaltung, Anbauten, Beleuchtung, Lauben, Vorhöfe, Terrassen, Tore, Zäune oder Mauern. Jeder Eingang kann stärker hervorgehoben werden, indem man den Weg dorthin und die nähere Umgebung verbessert und verschönert. In jedem Fall geht es darum, den Haupteingang so einladend und attraktiv zu gestalten, daß die Aufmerksamkeit vom Garagentor abgelenkt wird und sich auf die überaus wichtige Haustür konzentriert.

- Verdecken Sie das Garagentor nach Möglichkeit durch Abschirmungen, Landschaftsgestaltung oder Zäune, damit es von der Straße aus nicht so auffällt.

- Schaffen Sie in der Garage selbst Ordnung. Im Feng Shui ist die Garage genauso wichtig wie jeder andere Raum des Hauses. Deshalb sollte sie schön sein. Sie können sie mit Teppichboden auslegen, aufräumen, schmücken und auf vielfältige Weise verbessern. Eine meiner Klientinnen hat eine besonders einladende Garage. Sie hat sie mit einem Teppichboden ausgelegt, den sie im Haus durch einen neuen ersetzt hatte, die Wände mit Postern von schönen Landschaften geschmückt und an den Seiten Regale für ihre Gartengeräte angebracht. Wenn sie jetzt in ihre Garage fährt, kommt sie in einen sanften, ruhigen, gut organisierten Raum. In dem Moment, wo sie das Garagentor passiert, fühlt sie sich willkommen.

- Wenn Sie das Haus durch eine innere Verbindungstür zur Garage betreten oder verlassen, sollten Sie diesen Eingang ebenfalls verschönern und verbessern. Bereiten Sie sich selbst einen genauso angenehmen Empfang wie den Leuten, die durch den Haupteingang kommen. Es spielt keine Rolle, ob der Weg durch die Waschküche, einen Abstellraum oder die hintere Diele führt, immer können Sie ein paar Bilder oder Fotos aufhängen oder ein paar Dinge aufstellen, die Ihnen besonders gefallen. Wichtig ist, daß der Zugang ansprechend aussieht, gut beleuchtet und leicht zu erreichen ist.

Entspannung, Regeneration und Erholung sind die drei hauptsächlichen Funktionen eines Hauses. Die Garage kann wie ein Aufruf zu ständiger Aktivität wirken und dadurch Tag für Tag die eigentliche Bedeutung des Hauses untergraben. Sie müssen Ihre Garage »auf ihren Platz verweisen«, damit Ihr Haus ein Ort des Friedens sein kann.

Die Vorbereitung – erste Eindrücke

Der Raum, in den Sie kommen, wenn Sie ein Haus betreten, bereitet Sie auf alles Weitere vor. Foyers, Wohnzimmer und Eingangshallen sind klassischerweise die Räume, die man zuerst betritt, wo Besucher begrüßt werden und sich auf die Umgebung einstellen, bevor sie in ein anderes Zimmer gehen.

Wenn der Raum, in den man zuerst gelangt, eine Küche, ein Eßzimmer, ein Arbeitszimmer oder ein Schlafzimmer ist, dann läßt sich daraus auch ableiten, worum es in diesem Haus vorrangig geht. Küchen und Eßzimmer lassen einen beispielsweise ans Essen denken, so daß Gäste meist sofort bemerken, wie hungrig sie sind, und daran denken, wie gerne sie zum Essen bleiben würden.

Ein Paar, das ich kürzlich beraten habe, hatte den Zugang zum Haus so geändert, daß die Gäste durch die Küche hereinkamen. Als ich sie fragte, ob sie gerne Leute zum Essen einladen, lächelten beide strahlend. Ja! Zwei- oder dreimal pro Woche traf sich die Nachbarschaft in ihrem Haus, und es wurde gegessen, was gerade da war. Der Eingang durch die Küche war zwar etwas unkonventionell, aber für die Bedürfnisse dieses Paares bestens geeignet. Andererseits habe ich auch eine Frau beraten, die große Schwierigkeiten hatte, ihre Bulimie zu überwinden. Es stellte sich heraus, daß ihre Haustür direkt ins Eßzimmer führte. Es gelang uns, ihren Eßtisch und die Stühle in einer Küchenecke unterzubringen und das ursprüngliche Eßzimmer in eine große Diele zu verwandeln. Ihre Haustür führt jetzt in ein wunderschönes Zimmer voller Pflanzen mit großen Palmen, blühenden Gräsern und einem Brunnen aus Natursteinen. Nachdem die Möbel, die das Essen symbolisieren, außer Sicht waren und sie von den Pflanzen und dem Wasser begrüßt wurde, die das Chi verbessern, fiel es ihr wesentlich leichter, ihr Eßverhalten zu korrigieren.

Einzimmer-Apartments sind oft eine Herausforderung, weil man sofort in den Raum gelangt, der auch als Schlafzimmer dient. Mit Schlafzimmern verbindet man viele Assoziationen, von Müdigkeit bis zur Sexualität, und deshalb ist es am besten, wenn sie vom Haupteingang entfernt liegen. In einem Apartment sollte man das Bett entweder abschirmen, so daß es vom Eingang aus nicht zu sehen ist, oder man sollte eine Schlafcouch oder ein Schrankbett wählen, das man tagsüber wegräumen kann.

Wenn man beim Betreten des Hauses sofort ins Arbeitszimmer gelangt, drängt sich der Gedanke an Arbeit offensichtlich auf. Vielleicht wollen Sie genau das erreichen. Aber die meisten Leute wissen es zu schätzen, wenn sie erst einmal durchatmen und sich auf eine Umgebung einstellen können, bevor sie die nächste Aufgabe in Angriff nehmen. Je nachdem, wieviel Platz Sie haben, können Sie auf verschiedene Weise eine »Begrüßungspause« ermöglichen, zum Beispiel durch einen kleinen Springbrunnen in der Nähe der Tür, durch Sitzgelegenheiten auf dem Weg zum Schreibtisch oder durch eine voll eingerichtete Eingangshalle, wo die Leute Luft holen können, bevor sie an die Arbeit gehen.

Vorne und hinten – die Anordnung der Räume

Das aktivste Chi findet sich in den Räumen auf der Vorderseite des Hauses. Wenn hier die Garage liegt, dann herrscht das aktivste Chi eben in der Garage. Liegt hier dagegen das Wohnzimmer eines Privathauses oder der Bürotrakt eines Geschäftshauses, dann sind diese Räume die aktivsten, und ihre Lage paßt ausgezeichnet zur Funktion.

Ungünstig ist es dagegen oft, wenn ein Schlafzimmer auf der Vorderseite oder das Büro bzw. ein Arbeitszimmer im hinteren Teil des Hauses liegt. Ebenso widerspricht es dem natürlichen Fluß des Chi, wenn sich die aktivsten Arbeitsbereiche im hinteren Teil eines Geschäftshauses befinden. Schlafzimmer und andere Räume, die vom Haupteingang aus hinten im Haus liegen, gelten als Yin-Bereiche. Sie eignen sich gut als Orte zur Entspannung, zur Regeneration und zum Rückzug. Räume, in denen man wach ist, wie Wohnzimmer, Küche und Arbeitszimmer, gelten ebenso wie die Vorderseite des Hauses als Yang, so daß auch hier eine Übereinstimmung besteht. Wenn ein Schlafzimmer im vorderen Teil des Hauses liegt, wird der Schlaf oft durch ein Übermaß an Yang unterbrochen oder gestört. Das Gefühl von Aktivität auf der Vorderseite des Hauses kann rein energetischer Natur sein, aber es kann beispielsweise auch durch Straßenlärm zustande kommen. Andererseits kann ein Büro oder ein Wohnzimmer im hinteren Teil eines Hauses durch einen chronischen Mangel an aktivem, wachem Chi gekennzeichnet sein, wodurch die Leute, die hier leben oder arbeiten, erschöpft werden.

Die Schlafzimmer sollten nach Möglichkeit im hinteren Teil des Hauses liegen. Ich habe die Bewohner verschiedener Häuser beraten, in denen wir aus dem ursprünglich im vorderen Teil gelegenen prachtvollen Elternschlafzimmer ein Büro oder Arbeitszimmer gemacht haben, während ein anderer Raum im hinteren Teil des Hauses zum Schlafzimmer wurde. Das kann eine überraschend vorteilhafte Lösung sein. Schlafzimmer sollten vor allen Dingen behaglich sein. Je größer ein Schlafzimmer ist, desto mehr Yang herrscht dort, und dabei verliert sich oft

das Gefühl von Intimität, das unseren Schlaf und unsere Liebesbeziehungen fördert.

Wenn es nicht möglich sein sollte, ein Schlafzimmer in den
hinteren Teil des Hauses zu verlegen, kann man immer noch
vielfältige Feng-Shui-Anpassungen vornehmen. Um ein vom
Yang dominiertes Schlafzimmer im vorderen Teil des Hauses
auszugleichen, braucht man Yin-Elemente wie dunkle, kräftige
Farben, Muster und waagerechte Streifen sowie weiche Polstermöbel und eine sanfte Beleuchtung (vgl. Yin-Yang-Liste auf Seite 40). Sorgen Sie auch dafür, daß alle fünf Elemente im Raum
repräsentiert sind. Entsprechend müssen Büros, die im hinteren Teil eines Hauses liegen, im Feng Shui durch Yang-Elemen-
te ausgeglichen werden. Helle Beleuchtung, viel Weiß und helle
Pastellfarben sowie Möbel mit Kanten und Ecken sind einige
Beispiele dafür, wie man mehr Yang in einen Raum bringen
kann. Zusätzlich können fröhliche Wasserspiele, beschwingte
Musik und andere Chi-Verbesserer wie Windspiele, Fahnen
oder Transparente das Chi aktivieren und bewegen und dadurch zu einem Ausgleich von Yin und Yang führen.

Das Brechen der Form –
die Nutzung von Räumen

Als unsere Häuser und Bürogebäude errichtet wurden, hatte
man für jeden Raum einen spezifischen Verwendungszweck im
Sinn. Die Bauherren oder Architekten sprachen vom Wohnzimmer, Eßzimmer, Elternschlafzimmer, Direktionsbüro, Vorrats-
raum und so weiter. Wenn wir jedoch mit der Funktion irgend-

eines Zimmers nicht zufrieden sind, müssen wir sie in Frage stellen. Eignet sich das Elternschlafzimmer oder das Wohnzimmer besser als Kunst- oder Tanzatelier? Sollte man lieber das Gästezimmer oder das Eßzimmer in ein dringend benötigtes Büro verwandeln? Sollte das größte Büro wirklich nur der Arbeitsplatz für eine einzelne Person sein, oder würde man es besser als Gemeinschaftsraum für die Angestellten nutzen? Man kann Gästezimmer in Büros verwandeln, Schlafzimmer in Ateliers, Ateliers in Schlafzimmer, Abstellräume in Büros, Konferenzräume in Gemeinschaftsräume, Arbeitszimmer in Eßzimmer und Eßzimmer in Arbeitszimmer. Wenn Sie darauf achten, wie das Chi durch die Umgebung fließt, werden Sie feststellen, daß es über eine innewohnende Effizienz verfügt. Das Chi fließt am besten, wenn die Menschen zufrieden sind und sich wohlfühlen. Stellen Sie die Aufteilung der Räume in Ihrem Haus und am Arbeitsplatz in Frage. Sie werden feststellen, daß Sie über Platz verfügen, von dem Sie nie etwas geahnt haben.

❖ **Übung:**

Treten Sie zurück und gehen Sie für einen Moment davon aus, daß Ihnen noch nie irgend jemand gesagt hat, wie Sie Ihr Haus oder Ihren Arbeitsplatz einrichten sollten. Wenn eine Umgebung so gestaltet wird, daß sie den dort lebenden und arbeitenden Menschen am besten dient, dann wird das Chi verbessert, und alle profitieren davon.

Wegweiser – Ecken und Kanten

Weil in der westlichen Architektur und Raumgestaltung eckige Formen vorherrschen, sind wir von vielen Kanten umgeben. Die Ecken von Gebäuden gelten im wahrsten Sinne des Wortes als offensiv – sie schießen ein starkes Chi in die Richtung, in die sie zeigen. Auch die scharfen Kanten, die wir an so vielen Möbelstücken finden, können gefährlich sein, wenn sie aus den typischen Baumaterialien Glas, Holz, Metall oder Stein bestehen. Wir alle haben uns schon an den Kanten von Möbelstücken gestoßen oder verletzt. Ihre Gegenwart bricht eine der wichtigsten Feng-Shui-Regeln: Umgeben Sie sich stets mit Dingen, die ungefährlich sind.

Möbel, Theken und Vitrinen können auch zu Pfeilen werden, wenn sie auf eine Tür zeigen. Sie schicken die Leute zur Tür hinaus, bevor sie überhaupt Gelegenheit hatten hereinzukommen. Viele Geschäfte haben zu wenig Kunden, weil sie Vitrinen so aufstellen, daß sie die Leute in die falsche Richtung lenken – heraus statt hinein. Kürzlich kam ich in einen Kunstgewerbeladen und stellte fest, daß die vorderen Vitrinen alle so aufgestellt waren, daß ihre Kanten zur Tür wiesen. Ich fragte die Geschäftsführerin, ob sie gute Umsätze mache. Sie sagte, die meisten Leute würden nur von der Tür aus hereinsehen, aber den Laden nicht betreten.

Ecken und Kanten können sowohl im Haus als auch am Arbeitsplatz negative Auswirkungen auf die Menschen haben. Möbel und architektonisch bedingte Kanten, die auf den Haupteingang zeigen, können dazu führen, daß sich Gäste oder Kunden nicht willkommen fühlen. Sie können dazu beitragen, daß positive Einflüsse aller Art aus dem Gebäude herausgeschickt werden. Wenn sie auf die Zimmertüren im Haus oder Büro zeigen, können Kanten wie ärgerliche kleine Zeigestöcke wirken, die die Leute stoßen und drücken, während sie durch das Zimmer gehen. Solche Probleme kann man auf verschiedene Weise lösen:

- Wählen Sie nach Möglichkeit immer Gestaltungselemente und Möbelstücke, die keine scharfen Kanten haben. Selbst wenn die Grundform quadratisch oder rechteckig ist, machen abgerundete Ecken die Dinge erheblich sicherer und freundlicher.

- Wenn die vorhandene Einrichtung scharfe Kanten hat, stellen Sie die Teile diagonal auf, so daß die flache Seite zur Tür zeigt.

- Mildern Sie Kanten ab, indem Sie sie mit Stoff oder Pflanzen verdecken.

❖ **Übung:**

Wenn Sie das nächste Mal in Ihrem Lieblingsgeschäft sind, achten sie darauf, wie die Regale und Vitrinen stehen. Zeigen die Kanten auf Sie, wenn Sie durch den Haupteingang kommen? Wenn es so ist, wie reagieren Sie darauf? Stellen Sie fest, ob Sie sich angezogen oder abgestoßen fühlen. Achten Sie auf dieselben Dinge, wenn Sie in einem Laden sind, den Sie nicht besonders mögen. Welche Unterschiede gibt es im Hinblick auf die Einrichtung dieser beiden Geschäfte?

Neue Formen schaffen –
die Ecken des Raumes

Die Ecken eines quadratischen Zimmers ziehen das im Raum zirkulierende Chi meist stark an. Wenn das Chi erst einmal in eine Ecke gelangt ist, bleibt es oft dort und stagniert. Die Stagnation wird verstärkt, wenn in den Ecken Kartons, Akten oder Sportgeräte liegen, die eigentlich an einen anderen Platz gehören. Ecken können leicht zum stagnierenden Staubecken eines Zimmers werden.

Die wichtigste Feng-Shui-Lösung für Ecken besteht darin, daß man sie entweder abrundet oder füllt. Sie können die Ecken, die durch Wände, Decken, Türen und Fenster entstehen, buchstäblich mit Hilfe von Baumaterialien abrunden. Holzverkleidungen und andere Arten dekorativer Holzleisten können extreme Kanten abmildern, die durch rechtwinklig aufeinander stoßende Wände, Decken und Böden entstehen. Sie können Ecken aber auch dadurch abmildern, daß Sie davor Lampen, Pflanzen, Kunstwerke, Körbe, Keramikfiguren oder Skulpturen aufstellen. Manchmal besteht die perfekte Lösung darin, daß man ein Möbelstück diagonal in die Ecke stellt. Eine andere Alternative sind Glocken, Kristalle, Windspiele, Mobiles, Transparente oder von der Decke hängende Kunstwerke, die Ihnen gefallen. Architektonisch bedingte Kanten, die in den Raum ragen, können ebenfalls unfreundlich wirken und werden auf dieselbe Weise behandelt. Ihre eckige Form muß abgemildert werden, um das Chi zu balancieren. Wählen Sie eine der oben erwähnten Lösungen.

Für die meisten von uns ist es eine wunderbare, einzigartige Erfahrung, sich in einem Gebäude aufzuhalten, das keine Ecken hat. Mein Mann Brian und ich besuchen sehr gerne das Rainbow Hill Inn in Julian, Kalifornien, das von dem nach organischen Gesichtspunkten arbeitenden Architekten James Hubbell erbaut wurde. Im gesamten Gebäude gibt es nicht eine einzige Ecke. Alle Räume haben sanft gerundete organische Formen, die aus Lehmstein gebaut sind. Während unseres Aufenthalts dort fühlen wir uns von Kreativität und tiefer Ruhe durchflutet. Das reichlich fließende harmonische Chi in diesen Räumen lädt uns mit Energie auf und wirkt gleichzeitig entspannend.

Reißende Wasserfälle und Flüsse – Treppen und Eingangshallen

Andere architektonische Merkmale von oft extremem Charakter sind Treppen und Hallen. Treppen können zu gewaltigen Wasserfällen von Chi werden, die zuviel von der vitalen Energie eines Gebäudes nach unten und in andere Bereiche befördern. Wenn die Treppe direkt zum Haupteingang führt, strömt das nährende Chi gleich zur Tür hinaus und nimmt oft die Gesundheit und das Glück der Bewohner mit. Räume, die am oberen Ende einer Treppe liegen, werden durch den nahen Abstieg permanent angezogen – so wie das Gebiet, das oberhalb eines Wasserfalls liegt –, während die Räume am unteren Ende einer Treppe ständig von dem reißenden Chi überflutet werden, das von oben herunterkommt. Im Feng Shui versucht man, Menschen aus der Mitte extremer Chi-Ströme fernzuhalten. Deshalb werden Treppen so gestaltet, daß dort Gleichgewicht herrscht und das Wasser friedlich fließt.

Wenn Sie es mit Treppen zu tun haben, die direkt auf eine Tür zuführen, müssen Sie unbedingt dafür sorgen, daß das Chi nicht zur Tür herausfließt. Das geschieht am besten, indem man eine ästhetische Barriere zwischen Treppe und Tür errichtet, beispielsweise durch einen Paravent, Pflanzen, Möbel oder Kunstwerke. Wenn dafür kein Platz ist, können Sie der Treppe gegenüber einen Spiegel aufhängen, der hilft, das herabströmende Chi anzuheben und kreisen zu lassen. Sie können auch einen runden facettierten Kristall über die unterste Stufe hängen, der ebenfalls das herabkommende Chi auffängt und zirkulieren läßt. Achten Sie darauf, daß Sie die Form des Wasserfalls nicht noch weiter betonen, indem Sie Gemälde in einer absteigenden Reihe entlang der Treppe aufhängen. Benutzen Sie Kunstwerke statt dessen, um das Chi anders zu kanalisieren: Indem Sie alle Bilder auf die gleiche Höhe hängen, schaffen Sie eine starke horizontale Linie, die das Chi anhebt. Außerdem sollten Sie helle und strahlende Motive wählen, die eine Bewegung nach oben suggerieren, beispielsweise Vögel im Flug oder ein abstraktes Motiv mit waagerechten oder aufstrebenden Linien. In einigen Fällen ist auch ein Spiegel an der Treppenwand günstig, sofern er nicht einem anderen Spiegel direkt gegenüber hängt.

Mit solchen Feng-Shui-Lösungen kann man überall den Chi-Strom entlang einer Treppe ausgleichen. Denken Sie daran, Ihre Feng-Shui-Augen und auch Ihre Feng-Shui-Ohren zu benutzen. Lassen Sie sich von der Umgebung die beste Lösung »erzählen«.

Genau wie auf Treppen kann das Chi auch in Hallen und Korridoren Ihres Hauses oder Büros zu schnell fließen. Lange Gänge lassen die Menschen schneller werden, so daß sie manchmal sogar laufen statt normal zu gehen. Den meisten Leuten fällt es schwer, in einem solchen Gang zu stehen und sich zu unterhalten. Ich empfinde das meist so, als stünde ich bis zur Taille in einem Fluß, dessen reißende Strömung mich fortziehen will. Um hier einen Ausgleich zu schaffen, muß man solche Gänge in kleinere, menschenfreundliche Abschnitte unterteilen oder in sich windende Pfade umgestalten. Um eine große Halle zu unterteilen, können Sie Kunstwerke, Spiegel, Lampen, Möbel und Teppiche einsetzen, um den Eindruck zu erwecken, daß es verschiedene kleinere Räume oder Nischen gibt, und um den Fluß des Chi zu verlangsamen. Um den Eindruck eines sich windenden Pfades zu schaffen, sollten Sie entlang des Korridors für interessante Unterbrechungen sorgen, indem Sie dort Pflanzen, Möbel, Kunstwerke oder Figuren aufstellen. Das verlangsamt den Fluß des Chi auf eine menschenfreundliche Geschwindigkeit und gibt den Leuten die Möglichkeit, Atem zu holen.

Meist ist es ungünstig, am Ende eines langen Korridors einen Spiegel aufzuhängen, weil dadurch die ohnehin ausreichende Länge des Ganges noch verdoppelt wird. Dagegen kann es sehr zweckmäßig sein, gegenüber den Türen, die sich zum Gang hin öffnen, jeweils einen Spiegel aufzuhängen. Dadurch wirkt der Gang breiter, und das Chi der Leute, die die entsprechenden Räume benutzen, wird angepaßt.

Die Linie zwischen Himmel und Erde – Decken

Die meisten Leute fühlen sich in Räumen mit einer Deckenhöhe von 2,50 bis 3 Meter wohl. Wenn eine Decke sehr viel höher ist, beginnt man, sich unbehaglich, klein und desorientiert zu fühlen. Im Zimmer herrscht zu viel Yang oder zu viel Raum über dem Kopf. Ich bin in vielen Häusern gewesen, in denen die Deckenhöhe im Wohnzimmer fast 5 Meter beträgt und sehr zum Leidwesen der Menschen, die dort leben, benutzt niemand diese Räume. Alle Leute versammeln sich in der Küche oder im Eßzimmer, wo die Decke auf angenehme 2,50 Meter heruntergezogen ist. Viele Menschen betrachten vielleicht gerne eine hohe Decke, während sie durch das Zimmer gehen, aber sie wollen sich in dem Raum nicht aufhalten. Gewöhnlich können sie den Grund dafür nicht genau angeben, sondern es ist einfach kein Ort, an dem sie bleiben möchten.

Eine Möglichkeit, extrem hohe Decken auszugleichen, besteht darin, eine »Linie zwischen Himmel und Erde« zu ziehen. Als Yin-Einfluß definiert und erdet diese horizontale Linie den Raum, indem sie die vertikale Höhe der Decke durchbricht. Ziehen Sie diese Linie als eine waagerechte Grenze in einer Höhe von 2 bis 3 Metern vom Boden rund um die Wände. Diese Grenze kann einer natürlichen Linie folgen, die vom oberen Türrahmen an Fenstern, Bildern und Bücherregalen entlangführt (vgl. Abb. 1a). Es kann sich dabei um eine Holzleiste oder eine Tapetenbordüre handeln, oder man schafft einfach die Vorstellung einer Linie, indem man alle Bilder im Zimmer auf die gleiche Höhe hängt. Je nachdem, wie hoch und groß die Decke ist, kann

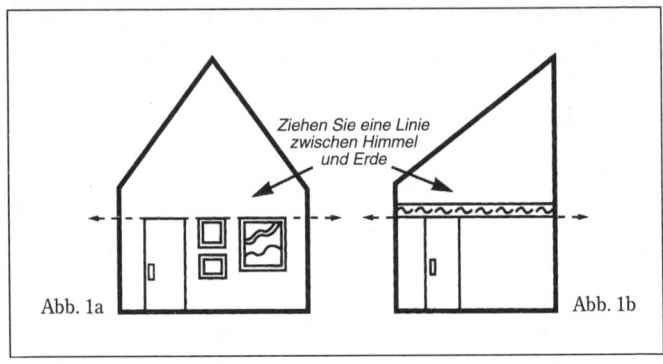

Ziehen Sie eine Linie zwischen Himmel und Erde

Abb. 1a   Abb. 1b

man in den »himmlischen« Raum über der Linie leichte Mobiles, Transparente, Fahnen oder textile Kunstwerke hängen. Eine Künstlerin in Encinitas, Kalifornien, Geri Scalone, hat ein Trapez entworfen, an dem sie Stoffkollagen aufhängt, die sich leicht auswechseln lassen, indem man das Trapez herunterläßt, neue Materialien darüber drapiert und es wieder hochzieht. Diese Kunstwerke definieren den Himmel auf eine Weise, die das Auge erfreut und den Geist inspiriert. Die meisten Leute brauchen nur die bloße Vorstellung einer angenehmen Deckenhöhe sowie die Möglichkeit, den »Himmel« darüber durch ein Kunstwerk zu definieren, um sich in einen Raum mit einer hohen Decke zu verlieben und sich darin behaglich einzurichten.

Wenn Räume auf einer Seite eine hohe Decke haben, die auf der anderen Seite niedriger wird, kann das ebenfalls dazu führen, daß man sich unwohl fühlt. Hier kann man genauso eine Linie zwischen Himmel und Erde ziehen (vgl. Abb. 1b). Auch in diesem Fall sollten Sie sich für eine horizontale Linie entscheiden, die sich sichtbar durch den ganzen Raum zieht, um die Architektur auszugleichen. Eine niedrige Wand ist ein großarti-

88

ger Platz für einen Spiegel, der das gedrückte Chi anhebt, während man große Möbelstücke idealerweise auf die höhere Seite des Raumes stellt, wo sie helfen, das Chi zu stabilisieren. Lampen und Pflanzen können das Chi ebenfalls ausgleichen, und man kann sie zusammen mit dem Spiegel und der Linie zwischen Himmel und Erde einsetzen.

Niedrige, flache Decken sind ebenfalls ein Problem, weil sie das Chi nach unten drücken. Niedrige Decken gelten als stark Yin, und deshalb braucht man die Yang-Einflüsse von Licht, Spiegeln, Pflanzen und hellen, strahlenden Farben, damit das Chi angehoben wird und sich ausdehnen kann. Zur Beleuchtung sollten auch Deckenfluter gehören, weil man dadurch eine senkrechte, aufstrebende Linie suggeriert. Wählen Sie Polstermöbel und Kunstwerke, die auf die eine oder andere Weise längs gestreift sind. Das Ziel besteht darin, mit Hilfe von Yang-Gegenständen den Yin-Einfluß der niedrigen Decke auszugleichen.

Kanäle des Chi – Balken

Freigelegte Balken sind in der westlichen Architektur ein beliebtes Strukturelement, und man geht oft davon aus, daß sie einem Raum zusätzlich Charakter verleihen. Leider sorgen sie gleichzeitig für ein unangenehmes Gefühl der Schwere über den Köpfen der Leute. Auf Balken lastet typischerweise ein enormes Gewicht, weil sie zu den tragenden Teilen des Gebäudes gehören, und sie können den Fluß des Chi auf ähnliche Weise wie Korridore kanalisieren. Je größer, dunkler und nied-

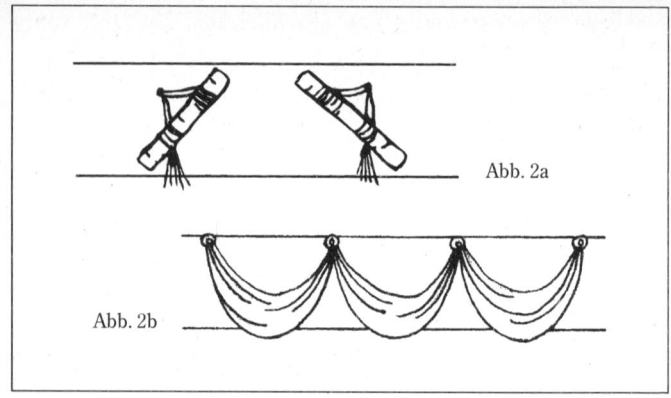

Abb. 2a

Abb. 2b

riger sie sind, desto stärker verlangen sie nach einem Feng-Shui-Ausgleich. Um einen Balken ins Gleichgewicht zu bringen, können Sie verschiedene Dinge tun:

- Durchbrechen Sie die Kraftlinie symbolisch, indem Sie zwei Holzstücke (klassischerweise Bambus) schräg auf dem Balken anbringen (vgl. Abb. 2a). Das durchbricht das schnellfließende Chi innerhalb des Balkens und läßt den Eindruck entstehen, als beginne hier ein Achteck oder ein Kreis, der das Chi abwärts und durch den Raum lenkt.

- Streichen Sie den Balken in einer hellen Farbe wie Weiß, Beige oder einer Pastellfarbe. Das hebt ihn an und macht ihn weniger sichtbar.

- Bringen Sie den Balken ins Gleichgewicht, indem Sie Stoff, Girlanden, Bänder, Transparente, Mobiles oder andere leichte Gegenstände daran befestigen (vgl. Abb. 2b). Dadurch wirkt er weicher und runder, und die Farben und Gegenstände repräsentieren andere Elemente. Wenn Sie einen Balken auf diese Weise »behandeln«, sollten Sie nur leichte Gegenstände benutzen, damit man sich nicht bedroht fühlt, wenn man darunter steht.

- Denken Sie daran, daß die meisten Balken aus Holz bestehen und folglich Metall in Gestalt von hellen Farben und runden Formen das wichtigste Element zum Ausgleich ist.

Unsere Gefährten im 20. Jahrhundert – elektrische Geräte

Das Chi wird durch elektrische Geräte aktiviert. Dinge wie Fernsehgeräte, Computer, Stereoanlagen, Kopierer und Mikrowellengeräte können eine beherrschende energetische und materielle Präsenz haben, die Aufmerksamkeit von den Menschen verlangt, die in der Nähe solcher Geräte leben und arbeiten. Einige Leute behaupten, daß elektrische Geräte beharrlich sind und ihre Eigentümer oder Benutzer so lange anstarren, bis sie deren Aufmerksamkeit erlangen. Im Büro ist das gewöhnlich eine perfekte Situation. Das Chi aller Mitarbeiter wird ständig durch elektrische Geräte in der Umgebung aktiviert. Zu Hause können solche Geräte jedoch das Kommando übernehmen und alle Familienmitglieder aktiv halten, auch wenn sie wirklich Ruhe und Frieden als Ausgleich für einen anstrengenden Tag brauchen. Die meisten Eltern kennen nur zu gut die Kämpfe, die sie täglich mit ihren Kindern über die Benutzung des Fernsehers und des Computers ausfechten. Die Geräte »rufen« den Nachwuchs ständig auf, sich mit ihnen zu beschäftigen.

Eine der besten und einfachsten Lösungen besteht darin, solche Gegenstände unsichtbar zu machen, wenn man sie nicht benutzt. Man kann sie in den Schrank stellen oder mit einem schönen Tuch bedecken. Viele Leute sind überrascht, um wieviel friedlicher und gelassener die Atmosphäre in einem Raum wird, wenn man einfach nur den Fernseher abdeckt oder die Stereoanlage in einem geschlossenen Schrank unterbringt. Besonders wichtig ist das im Schlafzimmer, wo ein Fernseher oder ein Computerbildschirm, der einen ständig anstarrt, tatsächlich die Ruhe stören kann.

Alle elektrischen Geräte und Autos haben die Tendenz, ihre Umgebung zu beherrschen. Wenn man sie ständig sieht, haben sie einen starken, fordernden Einfluß auf ihre Benutzer. Zu Hause sind sie die besseren Diener und Entertainer, wenn sie außer Sichtweite stehen, solange man sie nicht benutzt. Im Büro dagegen sollten sie sichtbar sein, weil sie dann dafür sorgen, daß alles summt und aktiv ist.

Abgesehen davon, daß elektrische Geräte ihre Umgebung beherrschen, gibt es sehr ernsthafte Bedenken im Hinblick auf die elektromagnetische Strahlung. Alle elektrischen Geräte geben ein gewisses Maß an Strahlung ab. Gewöhnlich ist das sehr gering, aber Computer und Mikrowellen können beispielsweise so stark strahlen, daß sie gesundheitliche Schäden auslösen. Ich habe die elektrischen Geräte in unserem Haus getestet und dabei festgestellt, daß unser Faxgerät, der Fernseher und das Mikrowellengerät stärker strahlen als alles andere. Wenn die Geräte in Betrieb sind, müssen wir einen Sicherheitsabstand von mindestens 2 Metern einhalten. Idealerweise sollten Sie Ihre gesamte elektrische Ausstattung auf Strahlung testen.

❖ **Übung:**

Wählen Sie einen Raum in Ihrem Haus, in dem elektrische Geräte wie ein Fernseher oder ein Computer offen herumstehen. Setzen Sie sich hin und betrachten Sie das Gerät einen Moment, um es danach mit einem schönen Tuch abzudecken oder einen Sichtschutz davorzustellen. Achten Sie darauf, ob Sie einen Unterschied im Raum bemerken.

Zusammenfassung:

Wir haben bisher viele Aspekte des Feng Shui besprochen, die die Umgebung in unserem Haus und am Arbeitsplatz betreffen. Das waren in Kürze:

- Die Umgebung in unserem Haus und am Arbeitsplatz ist voll von lebendigen Schwingungen, alles ist mit allem verbunden, und alles verändert sich ständig.

- Wenn wir uns bei der Auswahl und Gestaltung unserer Umgebung auf Behaglichkeit und Sicherheit konzentrieren und wenn wir uns mit den Dingen umgeben, die wir lieben, verbessern wir die Zirkulation des vitalen Chi. Auf diese Weise schaffen wir unser persönliches Paradies.

- Wir können die Dinge in unserer Umgebung so auswählen und gestalten, daß wir zu einem Ausgleich von Yin und Yang und den fünf Elementen kommen, was ebenfalls die Zirkulation des vitalen Chi verbessert.

- Indem wir den Platz für die Dinge in unserer Umgebung sorgfältig auswählen, können wir Menschen und vitales Chi entweder in unser Haus einladen oder abstoßen.

Orte der Kraft errichten – Schreibtische, Betten und andere Möbelstücke

Die Richtlinien, nach denen Sie Ihre Möbel aufstellen sollten, sind dieselben, die für die Gestaltung der Umgebung gelten:

- Ihre Möbel sind ihrem Wesen nach lebendig, mit dem Rest Ihres Lebens verbunden, und sie können jederzeit an einen anderen Platz gestellt werden.

- Wenn Sie bei der Auswahl und beim Aufstellen Ihrer Möbel auf Behaglichkeit und Sicherheit achten und wenn Sie sich mit Dingen umgeben, die Sie lieben, verbessern Sie die Zirkulation des vitalen Chi. Auf diese Weise schaffen Sie Ihr persönliches Paradies.

- Durch die Art, wie Sie Ihre Möbel aufstellen, können Sie Menschen und vitales Chi ins Haus einladen, statt sie abzustoßen.

Möbel sind wichtig. Sie umgeben uns Tag und Nacht und unterstützen uns auf vielfältige Weise. Stellen Sie sich vor, wie es wäre, ohne Möbel zu leben, und Sie erkennen ihre Bedeutung. Entweder Sie benutzen die Dinge oder betrachten sie. Jedes Möbelstück in Ihrem Haus oder Büro hat eine spezifische Präsenz, die eine Reaktion erfordert. Entweder Sie mögen es, Sie lieben es, oder Sie mögen es nicht. Idealerweise lieben Sie jedes Möbelstück, das zu Hause oder im Büro steht. Wenn nicht, sollten Sie Veränderungen planen, damit Sie in naher Zukunft nur noch von Möbeln umgeben sind, die Sie lieben. Das könnte bedeuten, daß Sie darauf warten, bis Ihnen das perfekte Stück begegnet. Oder Sie suchen jetzt gezielt danach und warten nicht mehr länger. Wenn Sie an die Feng-Shui-Prinzipien denken, verstehen Sie genau, wie wichtig es ist, daß Sie sich mit Möbeln umgeben, die Ihnen immer gefallen, von denen Sie sich immer eingehüllt und unterstützt fühlen.

Wenn Sie beim Aufstellen der Möbel für persönliches Wohlbefinden und Sicherheit sorgen wollen, dann gehört dazu auch die Suche nach den »Orten der Kraft« in jedem Raum. Darauf sollten Sie besonders achten, wenn Sie ein Möbelstück aufstellen, in oder mit dem Sie viel Zeit verbringen, beispielsweise einen Schreibtisch oder ein Bett.

Sie befinden sich an einem Ort der Kraft im Raum, wenn Sie von dort aus die Eingangstür sehen können. Wenn mehrere Türen in ein Zimmer führen, dann sollten Sie vom Ort der Kraft aus alle sehen können, zumindest aber den Haupteingang. Nur sehr wenige Menschen fühlen sich wohl, wenn sie irgendwo sitzen oder liegen, wo sie die Tür nicht sehen können. Dabei handelt es sich um einen tiefverwurzelten Instinkt, der, wenn er nicht beachtet wird, die Leute nervös machen und irritieren kann.

Viele von uns verbringen täglich viele Stunden am Schreibtisch oder Arbeitstisch. Das ist unser Ort der Kraft – der Platz, wo wir arbeiten, Besprechungen abhalten, telefonieren, schreiben und wo sich ganz allgemein unser Berufsleben abspielt. Schreibtische und Arbeitstische sollten idealerweise an einem Ort der Kraft stehen, von dem aus die Tür zu sehen ist. Wenn Ihr Schreibtisch an einer Wand steht und Sie mit dem Rücken zur Tür sitzen, gibt es zwei mögliche Lösungen:

• Stellen Sie den Schreibtisch so, daß Sie die Tür sehen können.
• Stellen Sie einen Spiegel auf den Schreibtisch oder hängen Sie ihn hinter den Schreibtisch, so daß Sie die Tür im Spiegel

sehen können. Man kann Spiegel auch benutzen, um die Aussicht zu reflektieren, auf die Sie verzichten müssen, wenn Sie Ihren Schreibtisch so stellen, daß Sie die Tür sehen können.

In einem Fall hatte ein Klient den Schreibtisch in seinem Arbeitszimmer zu Hause so gestellt, daß er mit dem Rücken zur Tür saß und einen faszinierenden Ausblick auf eine Schlucht und das dahinter liegende Meer genießen konnte. Er schrieb einen Roman und versank bei der Arbeit immer tief in seine schöpferischen Phantasien. Jeden Abend kam genau zur gleichen Zeit seine Frau mit dem gemeinsamen Sohn herein, um ihm gute Nacht zu sagen, und jedesmal fuhr der Mann fast aus der Haut, wenn er merkte, daß jemand hinter ihm stand. Er reagierte seiner Frau gegenüber sehr gereizt, weil sie ihn jeden Abend so erschreckte, und sie war ihrerseits sehr verärgert über ihn, weil er jedesmal so erschrak und anschließend ihr gegenüber so gereizt war. Schließlich hätte er sich doch daran gewöhnen müssen! Seine Frau versuchte alles Mögliche, rief ihn beim Namen, klatschte in die Hände oder rief Juhu, wenn sie ins Zimmer kam, aber nichts half. Genausowenig war er bereit, seinen Schreibtisch herumzudrehen, weil er die faszinierende Aussicht liebte und davon inspiriert wurde.

Unsere Lösung bestand darin, daß er einen Rasierspiegel auf seinen Schreibtisch stellte. Nun konnte er sofort sehen, wenn sich die Tür bewegte und seine Frau und sein Sohn hereinkamen, und er erschrak nie wieder darüber.

In einem Büro spielt sich das Leben aller Mitarbeiter, vom Chef bis zur Empfangsdame, rund um den Schreibtisch ab. Da in vielen Büros Bedingungen herrschen, die das Chi schwächen, einschließlich überquellender Schreibtische, niedriger Decken und Neonbeleuchtung, ist es hier noch wichtiger, daß die Leute das Chi um ihren Schreibtisch herum balancieren und beleben.

Oberstes Gebot ist, daß man von jedem Schreibtisch aus die Tür sehen kann, entweder direkt oder mit Hilfe eines Spiegels. Dies gehört zu den einfachsten und wirksamsten Verbesserungen, die Sie vornehmen können. Benutzen Sie Pflanzen, Abschirmungen oder Paravents, wenn Sie die Sicht auf Computer oder andere elektrische Geräte verdecken wollen. Richten Sie Ihren Schreibtisch nach Ihrem persönlichen Geschmack mit Dingen ein, die Sie lieben und die Ihr Chi während des Tages nähren. Werfen Sie einen Blick in das Kapitel über die grundlegenden Werkzeuge des Feng Shui auf Seite 211 sowie in das Kapitel über den Bagua-Plan für Ihre Möbel (Seite 117). Gestalten Sie einen anregenden und belebenden Chi-Kreislauf, indem Sie Ihren Schreibtisch als Basis benutzen.

❖ **Übung:**

Wenn Sie Ihren Schreibtisch umstellen wollen und zwei oder mehr Stellen in Frage kommen, von denen aus Sie die Tür sehen können, dann stellen Sie zunächst Ihren Schreibtischstuhl auf jeden dieser Plätze. Stellen Sie den Stuhl genauso, als würde sich Ihr Schreibtisch dort befinden, und setzen Sie sich einige Minuten lang still hin, um ein Gefühl dafür zu bekommen, wie es wäre, wenn Sie hier Ihre Zeit verbringen würden. In den meisten Fällen gibt es einen Platz, an dem Sie sich sofort wohlfühlen – das ist Ihr Ort der Kraft.

Das Bett ist ein weiteres Möbelstück, das an einem guten Platz stehen sollte, um Ihnen einen erholsamen Nachtschlaf und ein Gefühl von Sicherheit und Geborgenheit zu gewähren. Das ist wichtig, weil wir ein Drittel unseres Lebens im Bett verbringen und während dieser Zeit am stärksten verwundbar sind.

Betten sind aus zwei Gründen problematischer als Schreibtische. Erstens gehören Spiegel eigentlich nicht ins Schlafzimmer. Sie aktivieren das Chi in einem Raum, der zur Ruhe und Entspannung gedacht ist, und sie reflektieren Bewegungen, die einen Menschen im Halbschlaf ängstigen können. Ob Sie es glauben oder nicht, Kleiderschränke mit Spiegeltüren sind im Schlafzimmer eher ein Feng-Shui-Problem als ein Vorteil. Als Daumenregel sollte man höchstens einen Spiegel im Schlafzimmer haben, der so weit wie möglich vom Bett entfernt hängen sollte. Ein Schlafzimmer sollte wie ein sicheres, friedliches Nest wirken und nicht wie ein sorgfältig durchdachtes Ankleidezimmer.

Kürzlich baten mich Leute um Rat, deren Sohn, ein Teenager, seit dem Einzug ins neue Haus vor einem Monat, keine Nacht mehr richtig geschlafen hatte. Er bestand darauf, das Licht während der Nacht anzulassen, weil ihn das Zimmer ganz »kribblig« machte. In seinem Schlafzimmer fand ich eine ganze Wand mit verspiegelten Schranktüren, die so groß waren, daß man das Bett nicht außer Sichtweite stellen konnte. Wir diskutierten darüber, ob man die Spiegeltüren durch normale Türen ersetzen oder Vorhänge davor anbringen sollte, die man tagsüber öffnen und nachts schließen könnte. Die Mutter des Jungen beschloß, die Spiegel zunächst für eine Nacht zu verdecken, indem sie einige Bettücher davorhängte. Sofort fühlte sich ihr Sohn in dem Zimmer wohler, und er konnte seitdem gut durchschlafen, ohne daß er jemals wieder das Licht anlassen mußte.

Der zweite Grund, warum es schwierig sein kann, ein Bett richtig aufzustellen, besteht darin, daß die Kraft des Bettes davon abhängt, wie ausgeruht und regeneriert man sich fühlt, wenn man darin geschlafen hat. Man muß sich geborgen und abgeschieden fühlen, aber trotzdem die Tür im Blick haben. Deshalb ist es nicht ideal, das Bett direkt in einer Linie mit der Tür aufzustellen, obwohl die Tür dann zu sehen ist. Der ideale Platz liegt seitlich von der Tür, außerhalb der direkten Linie des Chi, wobei die Tür trotzdem noch zu sehen ist.

Andere Möbelstücke wie leichte Sessel, Sofas, Eßtische und Stühle kann man so stellen, daß von dem jeweiligen Platz aus möglichst viel von der Tür zu sehen ist. Wenn Möbel so aufgestellt werden müssen, daß man mit dem Rücken zur Tür sitzt, kann man einen Spiegel anbringen, der die Tür reflektiert. Denken Sie daran, daß sich die Menschen am wohlsten fühlen, wenn sie ihre Umgebung unter Kontrolle haben und sehen können, was in einem Raum vor sich geht.

❖ **Übung:**
Wenn sie nächstes Mal Gäste haben, bitten Sie sie, sich selbst ihren Sitzplatz auszusuchen, und achten Sie darauf, wo sie sich hinsetzen. Gewöhnlich wählen die Leute zuerst den Platz, von dem aus die Tür zu sehen ist.

Kapitel 6

Das I Ging und die Bagua-Karte des Feng Shui

Die Bagua-Karte (vgl. Seite 103) stammt aus dem I Ging oder dem Buch der Wandlungen, einem alten chinesischen Weisheitsbuch. Der Ausdruck Bagua bezieht sich auf die acht grundlegenden Bausteine des I Ging, die sogenannten Trigramme. Jedes Trigramm hat einen Bezug zu bestimmten »Schätzen« im Leben, beispielsweise Gesundheit, Reichtum und Liebe. In der Praxis des Feng Shui benutzt man die Bagua-Karte, um Häuser

Wenn du einen Ort zum Wohnen suchst, mußt du wissen, wie man auf dem Boden bleibt.
Wenn du deinen Geist kultivieren willst, mußt du wissen, wie man in seine verborgenen Tiefen taucht.
Wenn du mit anderen Menschen zu tun hast, mußt du wissen, wie man freundlich zu ihnen ist.
Wenn du sprichst, mußt du wissen, wie man seine Worte wählt.
Wenn du regierst, mußt du wissen, wie man die Ordnung aufrechterhält.
Wenn du Geschäfte machen willst, mußt du wissen, wie man seine Ziele erreicht.
Wenn du dich bewegst, mußt du wissen, wie man den richtigen Zeitpunkt dafür wählt.
Lao Tse

und Bürogebäude in Zonen einzuteilen und festzulegen, welche Bereiche mit den verschiedenen Schätzen oder Lebenswünschen in Verbindung stehen, so daß jeder Teil des Gebäudes seine eigene Bedeutung erhält. Im Feng Shui geht man davon aus, daß das Glück der Bewohner deutlich gefördert wird, wenn das Bagua ihres Hauses oder Arbeitsplatzes korrekt festgestellt und verbessert worden ist.

Ich selbst habe bei der Arbeit mit der Bagua-Karte festgestellt, daß dies einer der besten Wege ist, um positive Veränderungen im Leben herbeizuführen. Häuser, Bürogebäude, Wohnsiedlungen, Gärten, Räume und sogar Möbel können mit diesem effektiven Werkzeug in Zonen eingeteilt werden. Und ich habe gesehen, daß es Resultate hervorbringt, die erstaunlich und geradezu magisch erscheinen.

Die Wirksamkeit des Bagua ergibt sich aus der Kombination zweier Kräfte, nämlich der zeitlosen Weisheit des I Ging und der ernsthaften Absicht des Benutzers, positive Veränderungen im Leben herbeizuführen. Während der letzten sechs Jahre habe ich wiederholt beobachtet, daß Menschen, die eine positive Veränderung in ihrem Leben erreichen wollten und Gegenstände, die eine persönliche Bedeutung für sie hatten, in die passenden Bagua-Zonen stellten, auf diese Weise dafür sorgen konnten, daß das Chi sich anpaßte und die erwünschten Resultate schneller eintraten. Extrem schnell sogar! Genau wie bei der Behandlung körperlicher Krankheiten kann die richtige Bagua-»Medizin« dazu führen, daß die Wünsche der Leute in weniger als 30 Tagen in Erfüllung gehen. Wenn innerhalb dieser Zeit keine Veränderungen eintreten, muß man noch einmal seinen Feng-Shui-Blick auf die Bagua-Karte und die eigenen Absichten richten und die Bagua-Maßnahmen anpassen. Wenn man sich ernsthaft darum bemüht, sind positive Ergebnisse genau wie bei einer medizinischen Behandlung unvermeidbar.

Die Bagua-Karte

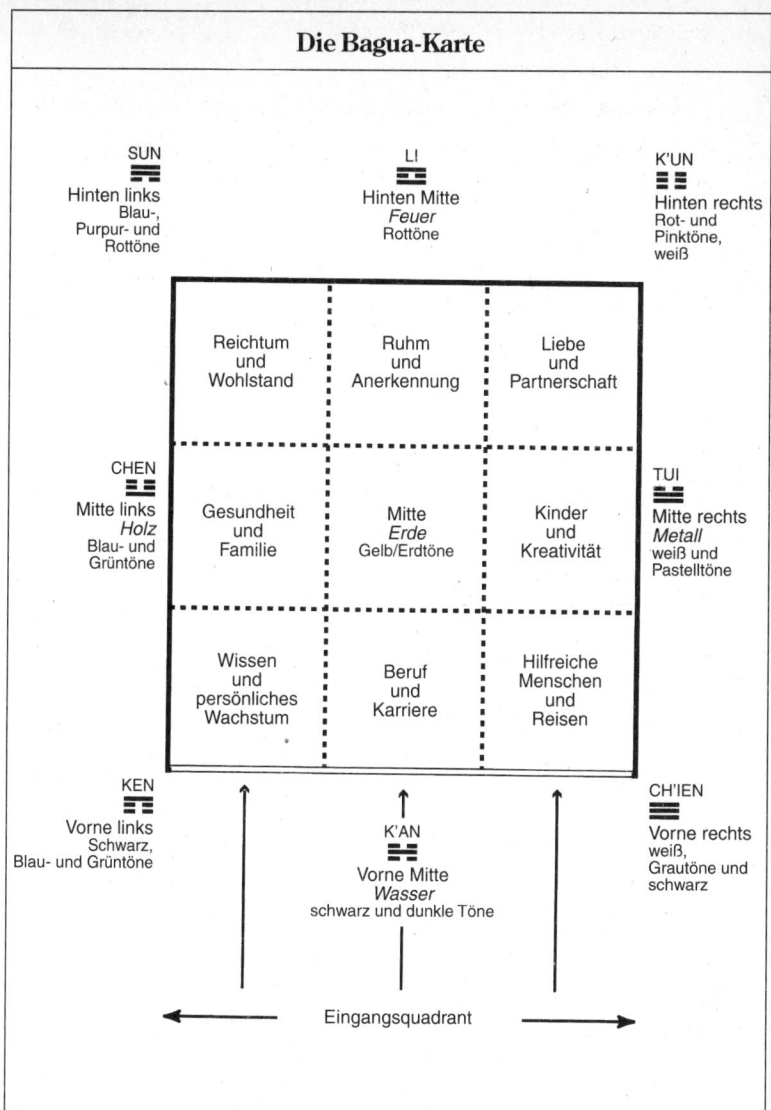

SUN
☴
Hinten links
Blau-,
Purpur- und
Rottöne

LI
☲
Hinten Mitte
Feuer
Rottöne

K'UN
☷
Hinten rechts
Rot- und
Pinktöne,
weiß

| Reichtum und Wohlstand | Ruhm und Anerkennung | Liebe und Partnerschaft |

CHEN
☳
Mitte links
Holz
Blau- und
Grüntöne

| Gesundheit und Familie | Mitte *Erde* Gelb/Erdtöne | Kinder und Kreativität |

TUI
☱
Mitte rechts
Metall
weiß und
Pastelltöne

| Wissen und persönliches Wachstum | Beruf und Karriere | Hilfreiche Menschen und Reisen |

KEN
☶
Vorne links
Schwarz,
Blau- und Grüntöne

K'AN
☵
Vorne Mitte
Wasser
schwarz und dunkle Töne

CH'IEN
☰
Vorne rechts
weiß,
Grautöne und
schwarz

← Eingangsquadrant →

Die Zonen der Lebenswünsche – wie man die Bagua-Karte benutzt

Stellen Sie sich vor, sie werfen aus der Vogelperspektive einen Blick auf das Gebäude, das Sie in Zonen einteilen wollen, und bestimmen die Gesamtform. Dabei kann es sich um ein Quadrat, ein Rechteck oder Formen wie ein T, S, U oder L handeln. Garagen und Anbauten aller Art, die sich unter demselben Dach befinden, werden in der Gesamtform mit berücksichtigt. Es gibt einige Gebäude, die so komplexe Formen haben, daß es sehr schwierig ist, genau herauszufinden, wie man die Bagua-Karte anwenden muß. In einem solchen Fall können Sie zwei Dinge tun: Entweder Sie wenden die Bagua-Karte in den einzelnen Zimmern des Hauses an, oder Sie setzen sich mit mir oder einem anderen erfahrenen Feng-Shui-Berater in Verbindung und lösen das Problem gemeinsam.

Wenn Sie die Gesamtform bestimmt haben, stellen Sie sich so in den Hauseingang, als wollten Sie hineingehen. Als wichtigster Mund des Chi ist der Haupteingang Ihr Aussichtspunkt, an dem Sie sich für die Anwendung der Bagua-Karte auf das gesamte Haus orientieren. Selbst wenn Sie gewöhnlich durch die Garage oder die Hintertür gehen, benutzt man den Haupteingang, um die Bagua-Zonen festzulegen. Unabhängig von der Form des Gebäudes sollten Sie den Grundriß so in die Bagua-Karte einfügen, daß er sich vollständig innerhalb der neun Bagua-Quadrate befindet. Selbst wenn Ihr Haupteingang zurückgebaut sein sollte, zeigt er immer noch in dieselbe Richtung wie die vordere Seite der Bagua-Karte. Wenn die Form des Gebäudes einem L, T, S oder U gleicht, wird es auf der Bagua-Karte

Bereiche geben, die sich außerhalb des Hauses befinden (vgl. Abb. 3). Wenn das Haus quadratisch (wie die abgebildete Bagua-Karte), rechteckig oder kreisförmig ist, gilt es als vollständige Form, und die Bagua-Karte wird entsprechend angepaßt. Kleine vorstehende Bereiche wie Erkerfenster oder offene Kamine können die Bagua-Zone, in

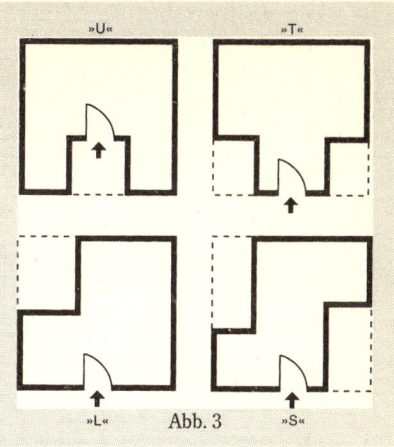

Abb. 3

der sie liegen, verbessern. Einbuchtungen müssen gewöhnlich so behandelt werden wie fehlende Zonen.

Wenn Ihr Haupteingang auf der linken vorderen Seite des Hauses liegt, befindet er sich entsprechend der Bagua-Karte in Ihrer Zone des Wissens und persönlichen Wachstums; liegt er in der Mitte, befindet er sich in Ihrer Zone der beruflichen Aussichten, und wenn er auf der rechten vorderen Seite des Hauses liegt, betreten Sie das Haus durch die Zone, die hilfreichen Menschen und Reisen zugeordnet ist.

Wenn Sie festgestellt haben, in welcher Bagua-Zone ihre Haupteingangstüre liegt, lassen sich die anderen Zonen leicht bestimmen. Ihre Zone für Reichtum und Wohlstand finden Sie beispielsweise vom Haupteingang aus im linken hinteren Teil des Gebäudes. Wenn das Haus mehrere Stockwerke hat, gilt die Zoneneinteilung entsprechend für alle Stockwerke. Wenn Ihr Eßzimmer beispielsweise im linken hinteren Teil des Hauses liegt und sich das Schlafzimmer genau darüber befindet, dann

105

liegt das Schlafzimmer ebenfalls in der Zone für Reichtum und Wohlstand.

Nun können Sie den rechten hinteren Teil des Gebäudes zuordnen, der einen Bezug zu Liebe und Partnerschaft hat. Wenn Sie der Bagua-Karte weiter folgen, sehen Sie, daß zwischen der Zone des Reichtums und der Zone der Liebe in der Mitte des hinteren Gebäudeteils die Zone für Ruhm und öffentliche Anerkennung liegt. Die Zone für Gesundheit und Familie liegt im linken mittleren Teil des Hauses zwischen den Zonen für Reichtum und Wohlstand bzw. Wissen und persönliches Wachstum. Die Zone für Kinder und Kreativität liegt im rechten mittleren Teil des Hauses zwischen den Zonen für Liebe und Partnerschaft bzw. hilfreichen Menschen und Reisen. Achten Sie darauf, ob irgendwelche dieser Bagua-Zonen außerhalb des Gebäudegrundrisses liegen.

Die Bagua-Einteilung von Räumen

Um das Bagua eines Raumes in Zonen einzuteilen, stellen Sie sich in die Tür und blicken in den Raum. Wenn es mehr als einen Zugang ins Zimmer gibt, stellen Sie sich in die Tür, die am häufigsten benutzt wird. Von diesem Punkt aus können Sie die Bagua-Zonen des Raumes genauso festlegen, wie Sie vom Hauseingang aus die Bagua-Zonen des Gebäudes festgelegt haben. Eine Tür auf der linken Seite des Raumes befindet sich in der Zone für Wissen und persönliches Wachstum, während eine Tür in der Mitte zur Zone der beruflichen Aussichten gehört. Ein Eingang auf der rechten Seite des Zimmers entspricht der

Zone für hilfreiche Menschen und Reisen. Häufig stimmen die Bagua-Zonen der Räume nicht mit den Bagua-Zonen des Hauses überein, was aber auch nicht erforderlich ist. Sie werden feststellen, daß jedes Zimmer seine eigenen Bagua-Zonen hat, mit denen man arbeiten und die man verbessern kann. Wenn Sie erst einmal die Bagua-Zonen des Hauses und der einzelnen Räume festgelegt haben, ergeben sich vielfältige Gestaltungsmöglichkeiten, ohne daß Sie sich mit sämtlichen Bagua-Zonen aller Räume abgeben müßten. Konzentrieren Sie sich zunächst auf die Zonen, die mit Bereichen Ihres Lebens zu tun haben, in denen Sie gerne etwas verbessern möchten.

Generell hält man das Bagua eines Gebäudes für wichtiger als das Bagua der einzelnen Räume, weil das Gebäude mehr strukturelles Chi enthält. Gleichwohl fließt das Chi, nachdem man die Bagua-Zonen in den Räumen verbessert hat, dynamischer und harmonischer, und es wirkt aufbauender für die Menschen, die hier leben und arbeiten.

Wie man die Funktionen der Räume an die Bagua-Karte anpaßt

Wahrscheinlich werden Sie feststellen, daß es in den meisten Fällen nicht möglich ist, die Funktionen der Räume an die Bagua-Karte des Hauses anzupassen. Die meisten Häuser sind einfach nicht so gebaut, daß das Elternschlafzimmer in der Zone für Liebe und Partnerschaft liegt, das Arbeitszimmer in der Zone für berufliche Aussichten oder Reichtum, die Küche in der Zone für Gesundheit und Familie und das Atelier in der Zone für

Kreativität. Das wäre zwar sehr schön so, aber es ist nicht lebenswichtig. Worauf es wirklich ankommt, ist, dafür zu sorgen, daß alle Zonen aufgeräumt sind und daß die Zonen, an denen Sie arbeiten, in den bestmöglichen Zustand gebracht werden. Wenn das Elternschlafzimmer beispielsweise in der Bagua-Zone für Reichtum und Wohlstand liegt, ist es am wichtigsten, daß darin ein Symbol des Reichtums steht, beispielsweise eine schöne Kristallvase oder eine üppige Tagesdecke auf dem Bett. Was kann man tun, wenn die Zone für Liebe und Partnerschaft im Badezimmer liegt? Hier kann man wunderbar Dinge aufstellen oder aufhängen, die Liebe, Sinnlichkeit und Intimität repräsentieren, beispielsweise erotische Bilder, Duftkerzen und samtige Handtücher. Unabhängig von seiner ursprünglichen Funktion kann jedes Zimmer mit einem Bagua-Symbol ausgestattet werden, das eine persönliche Bedeutung hat.

Fehlende Bagua-Zonen

Bagua-Zonen, die außerhalb des Gebäudegrundrisses liegen, gelten als fehlend, und man muß sie entweder tatsächlich oder symbolisch in die Gesamtstruktur integrieren. Wenn Sie eine fehlende Zone tatsächlich ergänzen wollen, können Sie in diesem Bereich nachträglich einen Anbau errichten, beispielsweise eine überdachte Veranda oder ein zusätzliches Zimmer (vgl. Abb. 4). Terrassen, Innenhöfe und Lauben können ebenfalls diesen Zweck erfüllen, sofern sie über genügend Bausubstanz verfügen, um als Teil des Hauses gelten zu können. Man kann solche Charakteristika zusätzlich stärken, indem man sie mit

Farben oder Dingen ausstattet, die einen Bezug zu der Bagua-Zone haben, die hier vervollständigt werden soll. Wenn sich beispielsweise eine Laube in der Zone für Liebe und Partnerschaft befindet, könnten die Bewohner sie mit weißen, pinkfarbenen und roten Blumen schmücken; sie

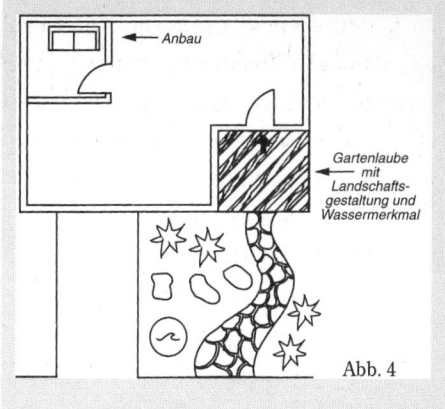

Abb. 4

könnten Kunstwerke aufstellen, die Liebende zeigen, oder die Laube mit weißen Gartenmöbeln ausstatten.

Man kann eine fehlende Zone auch durch Symbole ergänzen oder auf eine Weise darstellen, die die materielle Form des Hauses nicht verändert, aber den fehlenden Bereich draußen darstellt. Wenn Sie symbolische Ergänzungen planen, suchen Sie zunächst die Stelle, wo die Ecke des Gebäudes wäre, wenn es eine quadratische Form hätte (vgl. Abb. 5).

Der Bereich, der sich dadurch ergibt, wird mit passenden und ästhetisch ansprechenden Gegenständen ausgestattet, beispielsweise:

• Zäunen
• Außenbeleuchtung
• einem Fahnenmast
• Felsblöcken und großen Pflanzen oder Bäumen
• Springbrunnen oder anderen Wassermerkmalen
• Skulpturen

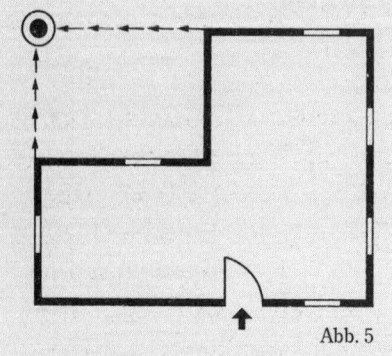

Abb. 5

Wenn Sie in einem Gebäude mit einer »fehlenden« Bagua-Zone leben oder arbeiten und nichts tun können, um die Struktur von außen zu verbessern, können Sie im Inneren mit Symbolen arbeiten. Wenn Sie Spiegel an die Wände hängen, die der fehlenden Bagua-Zone am nächsten liegen, scheint die Einbuchtung zu verschwinden, und das Chi kann besser zirkulieren (vgl. Teil A von Abb. 6). Wenn es in diesem Bereich Fenster gibt, hängen Sie einen runden facettierten Kristall davor und stellen Sie schöne Pflanzen auf die Fensterbank, um das Chi zu beleben und zu aktivieren (vgl. Teil B von Abb. 6). Ihr persönliches Bagua-Symbol kann ebenfalls dazu beitragen, das Chi zu stärken. Wenn Zonen fehlen, ist

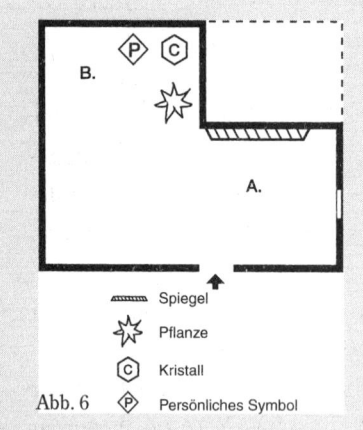

Spiegel
Pflanze
Kristall
Abb. 6   Persönliches Symbol

es besonders wichtig, die korrespondierenden Bagua-Zonen in anderen Räumen zu beleben. Wenn beispielsweise Ihre Reichtums-Zone außerhalb des Grundrisses liegt, sollten Sie vor allem die Reichtumszonen in den einzelnen Räumen beleben, um das Chi von Reichtum und Wohlstand in Ihrem Haus zu stärken.

Die Bagua-Karte und die Dinge, die Sie lieben

Wenn Sie sich mit der Bagua-Karte vertraut gemacht haben, sollten Sie sich im Haus umsehen. Gibt es irgendwelche Dinge, die Sie besonders lieben, mit denen Sie bestimmte Träume oder angenehme Erinnerungen verbinden? Sehen Sie sich um und erstellen Sie in Gedanken ein Inventar der Dinge, die Sie lieben und die Ihnen das Gefühl von Reichtum und Macht, Liebe und Freude vermitteln. Achten Sie parallel dazu aber auch auf die Gegenstände, bei deren Anblick Sie sich »arm und ohnmächtig« fühlen. Womit verbinden Sie positive bzw. negative Erinnerungen?

Der Sinn dieser Übung besteht darin zu erkennen, welche Gegenstände in Ihrer Umgebung Ihre Energie schwächen und als Chi-Räuber wirken und welche Ihre Energie stärken und als Chi-Förderer wirken. Anschließend vergleichen Sie die Standorte dieser Gegenstände mit den Bagua-Zonen, an denen Sie arbeiten wollen. Sehr häufig steht ein Gegenstand, der das Chi schwächt, mitten in einer Bagua-Zone, die Sie eigentlich verbessern wollen. Eine Frau klagte darüber, daß sie kein Glück in der Liebe hatte, und mitten in ihrer Zone für Liebe und Partnerschaft stand eine große Uhr, die nicht funktionierte. Eine andere Frau berichtete, ihre Kreativität sei blockiert. Sie entdeckte, daß sich ihre Zone für Kreativität und Kinder in der Garage befand, wo sie die Dinge, die sie im Haus nicht brauchte, zu einem chaotischen Haufen zusammengeworfen hatte.

Sehen Sie sich an, in welchen Bagua-Zonen Ihre Chi-Förderer stehen. Diese Gegenstände haben oft einen Bezug zu Aspekten

Ihres Lebens, die sich positiv entwickeln. Ein glücklich verheiratetes Paar entdeckte, daß die Lieblingsfotos, auf denen beide zu sehen waren, in der Zone für Liebe und Partnerschaft hingen. Ein beruflich erfolgreicher Mann stellte fest, daß er sein großes Aquarium in der Zone für die beruflichen Aussichten aufgestellt hatte.

Es kann eine echte Herausforderung sein, wenn Sie aus Ihren Habseligkeiten die Dinge heraussuchen, die Sie lieben und die folglich Ihr Chi stärken. Dazu gehört, daß Sie Gegenstände, die Sie nie zuvor in Frage gestellt haben, mit Ihren Feng-Shui-Augen betrachten. Überlegen Sie dabei ständig: »Gefällt mir dieses Stück wirklich, und brauche ich es wirklich?« Dabei sollten Sie immer daran denken, daß das Chi in allen Dingen ständig zu Ihnen spricht und Sie beeinflußt. Sorgen Sie dafür, daß Sie von Glück und Segen umgeben sind, nicht von Bedauern und Strafpredigten. Ihr materieller Besitz kann ein Segen sein, wenn er aus Dingen besteht, die sich positiv auf Sie auswirken, aber im umgekehrten Fall kann er auch zum Fluch werden. Viele Leute häufen Besitztümer an, die »giftig« werden und das Chi schwächen. Sorgen Sie dafür, daß das Chi in Ihrer Umgebung stark und lebhaft bleibt, indem Sie sich von Dingen trennen, die Sie nicht mögen, und sich mit Dingen umgeben, die Sie lieben.

Mit Ihren eigenen Händen können Sie das Meer des Chi, das durch Ihre Umgebung fließt, in eine perfekte Harmonie bringen. Die Bagua-Karte ist dabei Ihr Führer. Machen Sie sich bereit. Ich habe die Erfahrung gemacht, daß der Ruf nach positiven Veränderungen stets beantwortet wird.

Bekräftigung durch die Umwelt –
wie Sie Ihren Bagua-Maßnahmen
eine persönliche Note geben

Wenn Sie die Bagua-Zonen Ihres Hauses oder Arbeitsplatzes mit Symbolen oder Gegenständen versehen, die eine persönliche Bedeutung für Sie haben, dann wird daraus eine starke »Bekräftigung durch die Umwelt«, die das positive Chi in Ihrem Leben vermehrt und intensiviert. Sie baut das Chi materiell und energetisch auf und drückt den direkten Ruf nach den Veränderungen aus, die Sie herbeiführen wollen – den Wohlstand mehren, die Liebe fördern, einen Arbeitsplatz finden, die Kreativität mehren oder die Gesundheit verbessern. Dieser Ruf wird jedesmal verstärkt, wenn Sie Ihre Bagua-Maßnahmen sehen oder darüber nachdenken, wobei immer wieder bekräftigt wird, daß Sie für die positiven Veränderungen, die Sie anstreben, bereit sind.

Sie können die Arbeit mit der Bagua-Karte beginnen, indem Sie eins oder mehrere der Feng-Shui-Werkzeuge benutzen, die in Kapitel 8 aufgeführt sind (Seite 211). Für viele Leute haben oder bekommen diese Maßnahmen schon bald eine persönliche Bedeutung und wirken deshalb gut in den betreffenden Bagua-Zonen. Bevor Sie jedoch Kristalle oder Windspiele kaufen, sollten Sie einen Blick auf die Liste der persönlichen Gegenstände werfen, die Sie am Ende jeder Bagua-Erfolgsgeschichte finden (ab Seite 123). Dann sehen Sie sich in Ihrem Haus um, ob Sie nicht irgendwo schon das perfekte Stück zur Verbesserung der betreffenden Bagua-Zone haben. Oft haben die Leute »alle richtigen Dinge an allen falschen Stellen«.

Wenn Sie nichts finden, was Sie im Hinblick auf die betreffen-de Bagua-Zone anspricht, sollten Sie vielleicht etwas selbst ge-stalten. Sie können etwas zeichnen, töpfern, bauen, zusammen-setzen, schreiben oder malen, das Ihr eigenes persönliches Chi enthält. Es macht Spaß, bei der Verbesserung der Bagua-Zonen innovativ zu sein. Wenn Sie aus der Tiefe Ihrer eigenen kreati-ven Quellen etwas zeichnen, kann das zutiefst befriedigend sein und Ihnen Stärke verleihen. Denken Sie daran: Je persönli-cher – und damit Ihrem Herzen näher und teurer – die Gegen-stände zur Verbesserung der Bagua-Zonen sind, desto stärker sind sie mit Ihrem persönlichen Chi verbunden und desto wirk-samer sind sie.

Ganz gleich, ob Sie die Zone für Reichtum und Wohlstand in Ihrem Büro, die Kreativitäts-Zone in Ihrem Atelier oder die Lie-bes-Zone in Ihrem Haus verbessern wollen, Sie sollten damit jetzt auf der Stelle beginnen. Warten Sie nicht auf den richtigen Zeitpunkt für irgendwelche Bagua-Maßnahmen. Selbst wenn Sie nur ein Foto an die Wand kleben, das für Sie von Bedeutung ist, beginnen Sie jetzt!

Jeder Platz zählt – Schränke, Keller, Speicher, Garagen

Weil die Bagua-Zonen im ganzen Haus verteilt sind, werden ei-nige davon sich zwangsläufig in Ihrer Garage, im Keller, im Wandschrank oder im Bad befinden. Deshalb sind diese Berei-che genauso wichtig wie jeder andere Raum in Ihrem Haus oder am Arbeitsplatz. Halten Sie sich an den Grundsatz: »Es gibt nichts zu verbergen«. Vielleicht sind Sie der einzige Mensch, der den chaotischen Abstellraum oder die unordentliche Garage sieht, aber Sie sind es, der oder die von dem jeweiligen Chi ständig betroffen ist.

Stellen Sie sich vor, Sie öffnen eine Schranktür und sehen, daß dahinter alles gut aufgeräumt ist. Und nun stellen Sie sich vor, Sie öffnen dieselbe Schranktür, und dahinter herrscht das komplette Chaos. Wahrscheinlich werden Sie sehr unterschiedlich auf diese beiden Situationen reagieren. Bedenken Sie außerdem, daß dieser Schrank sich in einer Ihrer Bagua-Zonen befindet und die Qualität des Chi in Ihrer Umgebung beeinflußt. Wenn überall in Ihrem Haus oder Büro das Chaos herrscht, dann wird es Zeit aufzuräumen – vollständig aufzuräumen. Dann wird es Zeit für eine Bestandsaufnahme der materiellen Besitztümer, die mit Ihnen leben und deren Chi Sie umgibt. Ich weiß aus Erfahrung, welch eine Herausforderung das sein kann. Wir neigen dazu, Dinge, die wir nicht benutzen, aus irgendwelchen Gründen aufzuheben. Die Frage nach dem Warum ist entscheidend. Sehen Sie sich den Bereich in Ihrem Haus an, in dem die meiste Unordnung herrscht, und stellen Sie sich zwei Fragen: »Brauche ich das wirklich?« und »Liebe ich das wirklich?« Mindestens eine dieser Fragen, besser noch alle beide sollten Sie mit ja beantworten. Wenn Sie etwas aufbewahren, weil es zu einer bestimmten Jahreszeit oder gelegentlich gebraucht wird, sollten Sie diese Dinge an einen passenden Ort stellen. Wenn Sie etwas aufbewahren, weil Sie nicht wissen, was Sie damit anfangen sollen, weil es Ihnen nicht gefällt, weil es abgenutzt oder kaputt ist oder nicht mehr paßt, dann sollten Sie überlegen, ob Sie es weitergeben, wegwerfen, verkaufen oder reparieren wollen. Denken Sie daran, daß es hier darum geht, das schwächende, stagnierende, unfreundliche Chi aus Ihrem Haus oder von Ihrem Arbeitsplatz zu entfernen. Das gilt für alle »Räume«, in denen Sie etwas aufbewahren, von der Garage für drei Autos bis zum Schmuckkästchen.

Wenn Sie die Gegenstände aussortieren, die Sie wirklich brauchen und lieben, dann atmen Sie bereits altes, schwächendes Chi aus und frisches, vitales Chi ein. Sie aktivieren den gesunden Kreislauf von Geben und Nehmen, schaffen Leere, die anschließend mit etwas gefüllt wird, dessen frisches, lebendiges Chi Sie unterstützt und nährt. Ihre Umgebung, eine direkte Erweiterung Ihrer selbst, atmet dann wie ein gesunder Körper – frei von Giftstoffen und überflüssigem Ballast. Der bewußte Umgang mit dem, was man besitzt, ist einer der schnellsten Wege, um sich sein persönliches Paradies zu schaffen.

Weggespült werden – Badezimmer

Wenn man sagt: »Ich hätte es (Geld, Zeit etc.) genauso gut ins Klo werfen können«, und: »Die Sache (ein Projekt, geplante Heirat etc.) ist ins Wasser gefallen«, dann ist das im Feng Shui und bei der Verbesserung von Bagua-Zonen durchaus wörtlich zu nehmen. Toiletten und die Badezimmer, in denen sie sich befinden, können eine Bedrohung für das nährende Chi sein, das durch die Gebäude fließt. Badezimmer haben eine bestimmte Funktion: Sie dienen zur Beseitigung menschlicher Abfälle durch Waschbecken, Badewannen, Dusche und Toilette. Und wenn die Abflüsse im Badezimmer offen bleiben, ziehen sie das

Chi aus der Umgebung buchstäblich nach unten. Die Toilette ist in dieser Hinsicht wegen ihrer Größe besonders problematisch. Wenn vitales Chi durch Ihr Haus und Büro fließen soll, muß der Toilettendeckel unbedingt geschlossen bleiben. Viele Leute verschließen auch die anderen Abflüsse im Bad, wenn sie nicht benutzt werden. Im Idealfall herrscht im Badezimmer eine angenehme Atmosphäre, und man kann den Raum mit schönen Dingen und Farben gestalten, die einen Bezug zu der Bagua-Zone haben, in der das Bad liegt.

Wie Sie Ihre Möbel in Bagua-Zonen aufteilen

Die Bagua-Karte kann auf jede Struktur angewendet werden, von großen Gebäuden bis zu einem winzigen Tisch. Indem Sie die Oberfläche eines Schreibtischs, einer Kommode oder eines Tisches in Bagua-Zonen aufteilen, können Sie täglich für Glück und Erfolg sorgen. Wie immer wirkt das Bagua auch hier am besten, wenn sie eine starke, positive Bindung an die Gegenstände haben, die Sie zur Verbesserung benutzen. Da jedes Ding ständig »mit uns spricht«, können Sie diese Vorstellung zu Ihrem Vorteil einsetzen, indem Sie die richtigen Dinge an die richtigen Stellen legen. So wird die Tischplatte zu einem kreativen Kunstwerk voller Gegenstände, die Ihnen persönlich gefallen und Ihnen Stärke verleihen, wobei sie gleichzeitig das Chi in der Umgebung ausgleichen und verbessern. Zu Beginn wollen Sie vielleicht einen Blick in Kapitel 8 (Die grundlegenden Werkzeuge des Feng Shui) werfen und sich die Vorschläge am

Ende der Bagua-Erfolgsgeschichten ansehen. Achten Sie darauf, daß Sie Dinge auswählen, von denen Sie sich angezogen fühlen.

Nehmen wir das Herz Ihres Arbeitsplatzes, den Schreibtisch, als Beispiel. Legen Sie die Bagua-Karte auf die Tischplatte. Ihr »Eingang« ist dort, wo Sie sitzen, wahrscheinlich in der Mitte der Vorderseite, in der Karriere-Zone. Wenn Sie von hier aus in die entfernte linke Ecke des Schreibtischs blicken, finden Sie ihre Reichtums-Zone. Von dort können Sie der Karte um den Schreibtisch herum folgen und Ihre restlichen Bagua-Zonen festlegen. In Ihre Reichtums-Zone können Sie Dinge legen oder stellen, die einen allgemeinen Bezug zu Reichtum und Wohlstand haben, beispielsweise einen Taschenrechner, eine Rechenmaschine oder eine Schale mit Kleingeld. Vielleicht besitzen Sie auch etwas, das Sie direkter mit Reichtum und Überfluß verbinden, beispielsweise den ersten selbstverdienten Zehnmarkschein, Bilder oder Muster der Produkte, die Sie verkaufen, oder ein Foto Ihres wichtigsten Klienten. Andere Gegenstände, die gerne verwendet werden, sind kleine Wassersymbole, eine schöne Vase mit Blumen, ein rotes Tuch oder ein Briefbeschwerer aus Kristall.

In der hinteren Mitte Ihres Schreibtischs liegt die Zone für Ruhm und öffentliche Anerkennung, ein perfekter Platz für Diplome, Urkunden oder Zertifikate. Aber auch andere Dinge wie helle Lampen, eine blühende Pflanze oder ein gerahmtes Zitat können Ruhm und Anerkennung symbolisieren. Die Liebes-Zone liegt in der rechten äußeren Ecke Ihres Schreibtischs. Dies ist ein wunderbarer Platz für ein Foto Ihres Partners oder Ihrer Partnerin. Hier gehört alles hin, was an Liebe und Romantik denken läßt, beispielsweise die Erinnerung an ein besonders schönes Wochenende, romantische Kunstwerke oder zwei Blumen in einer weißen, pinkfarbenen oder roten Vase. Die Zone für Kinder und Kreativität finden Sie auf der rechten Seite Ihres Schreibtischs in der Mitte. Hier ist ein ausgezeichneter Platz für Fotos von Ihren Kindern. Wenn Sie sich Kinder wünschen, können Sie hier das Foto eines Babys oder Kleinkindes aufstellen, aber auch Fotos von jungen Tieren oder knospenden Blumen. Andere Kreativitätssymbole sind Gefäße mit farbigen Stiften, Kreiden oder Markern. Ein gerahmtes Bild, das ein Kind gemalt hat, paßt hier ebenso gut hin wie Fotos von Menschen, die künstlerisch arbeiten wie Töpfer, Maler und Bildhauer. Die Zone für hilfreiche Menschen und Reisen liegt gleich zu Ihrer Rechten und ist ein idealer Platz für das Telefon. Andere Gegenstände für diesen Bereich sind schöne Reiseerinnerungen, das Foto eines Mentors oder irgendwelche spirituellen oder religiösen Bilder, Kalender oder Sprüche, aus denen Sie Kraft schöpfen.

Typischerweise sitzen Sie in der Karriere-Zone und haben den Bereich vor sich, in dem Sie aktiv arbeiten. In dieser Zone herrscht oft Chaos, wenn Sie mit verschiedenen Projekten und Aufgaben beschäftigt sind. Wichtig ist hier, daß man in der Karriere-Zone immer wieder vom Chaos zur Ordnung gelangt. Machen Sie sich selbst das Geschenk, diesen Kreislauf so gut wie möglich in Fluß zu halten. Anders gesagt, bringen Sie Ihre Arbeiten zu Ende und räumen Sie die betreffenden Unterlagen weg, und beginnen Sie dann von neuem in einem täglichen oder regelmäßigen Rhythmus, damit Ihr Arbeits-Chi nicht unter Stapeln von Papier und Material stagniert. Die Zone für Wissen und persönliches Wachstum ist ein ausgezeichneter Platz für Ihre aktuelle Arbeit, Nachschlagewerke und Bücher. Ob es sich um Skifahren, Meditation oder die Abendschule handelt, alles, was Ihr neu erworbenes Wissen repräsentiert, gehört hierhin. Die Zone für Gesundheit und Familie befindet sich auf der linken Seite des Schreibtischs zwischen den Zonen für Reichtum und Wohlstand bzw. Wissen und persönliches Wachstum. Fotos und Karten von der Familie und Freunden passen hier ausgezeichnet hin, ebenso Blumen und Pflanzen oder Bilder, die optimale Gesundheit und Fitneß darstellen.

In einigen Büros dürfen die Mitarbeiter ihren Schreibtisch nicht beliebig gestalten. Vielleicht herrschen strenge Regeln, was sichtbar sein darf und was nicht. Aber selbst dann kann das Bagua auf subtile Weise verbessert werden. Mein Freund Sean arbeitete beispielsweise in einem großen und sehr förmlichen Anwaltsbüro, wo keine persönlichen Dinge auf dem Schreibtisch erlaubt waren. Um das Chi zu verbessern, stellte er seine Eingangs- und Ausgangskörbchen in die Zone des Wissens, eine gesunde Topfpflanze in die Zone für Gesundheit und Familie, legte seinen Taschenrechner in die Reichtums-Zone, einen Briefbeschwerer der Firma in die Zone für Ruhm und öffentliche Anerkennung, stellte die Schreibtischlampe in seine Liebes-Zone, legte die Stifte in die Kreativitäts-Zone und stellte das Telefon in die Zone für hilfreiche Menschen. In der Karriere-Zone gleich vor sich hatte er ein schwarzes Notizbuch und seinen Computer. Unter jeden dieser Gegenstände legte er ein kurzes Band in den Farben, die den jeweiligen Bagua-Zonen entsprechen. Obwohl man die Bänder nicht sehen konnte, wußte Sean, daß sie dort waren, und er hatte das Gefühl, daß die Farben den günstigen Fluß des Chi um seinen Schreibtisch herum noch weiter verbesserten.

Auf jeder Oberfläche, auch auf Kommoden und Tischflächen, könnten Sie spezielle Bagua-Anordnungen vornehmen. Ihre gesamte Umgebung kann mit Gegenständen gestaltet werden, die eine besondere Bedeutung haben und – in den entsprechenden Bagua-Zonen – das vitale Chi in Ihrer Umgebung verstärken und aktivieren.

Kapitel 7

Bagua-Erfolgsgeschichten

Die Geschichten auf den folgenden Seiten berichten über einige der Erfolge, die meine Klienten in ihrer eigenen Umgebung bei der Arbeit mit der Bagua-Karte erlebt haben. Ich habe sie in dieses Buch aufgenommen, um zu zeigen, wie man ganz allgemein mit den Prinzipien des Bagua und des

Kann der Erfolg einen Menschen so vollständig von einem Tag zum nächsten verändern? Kann er dazu führen, daß man sich größer, lebendiger, attraktiver und begabter fühlt und felsenfest davon überzeugt ist, daß das Leben immer so bleiben wird? Ja, der Erfolg kann das bewirken und er bewirkt es! Moss Hart

Feng Shui arbeitet. Ich habe Geschichten ausgewählt, die verdeutlichen, wie schnell und manchmal sogar dramatisch positive Veränderungen herbeigeführt werden können, wenn eine bestimmte Absicht mit dem entsprechenden Gestaltungselement eine kraftvolle Verbindung eingeht. Und die Geschichten zeigen, daß die Veränderungen ziemlich überraschend sein können. Wie schon erwähnt, sollte sich eine positive Veränderung in Ihrem Leben als Folge der Arbeit mit den Bagua-Zonen innerhalb von weniger als 30 Tagen zeigen. Wenn das nicht geschieht, geben Sie nicht auf! Betrachten Sie noch einmal Ihre Absicht und das, was Sie in der Bagua-Zone getan haben, und überlegen Sie dann, was Sie noch verbessern könnten. Denken Sie daran, daß Sie der oberste Gestalter und Schöpfer des Chi aller lebendigen, untereinander verbundenen und dynamischen Dinge sind, die Sie umgeben. Konzentrieren Sie sich auf Ihre Absicht, lassen Sie sich von der Umgebung ständig Bestätigungen geben, und warten Sie ab, was geschieht!

Die Zone für Gesundheit und Familie

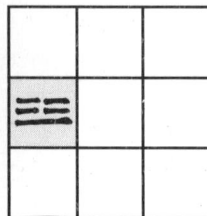

Die Zone für Gesundheit und Familie liegt in der Mitte der linken Seite des Hauses, Raumes oder Möbelstücks, mit dem Sie arbeiten, zwischen den Zonen für Wissen und persönliches Wachstum bzw. Reichtum und Wohlstand (vgl. Bagua-Karte auf Seite 103).

**Die Weisheit des I Ging
im Hinblick auf Gesundheit und Familie**

Gesundheit und Familie haben beide einen Bezug zum I-Ging-Trigramm Chen, was als der »schockierende Einfluß des Donners« übersetzt wird. Hier geht es um die Bedeutung einer starken körperlichen Gesundheit und liebevoller familiärer Beziehungen, die einen in die Lage versetzen, gelegentliche Schocks und unvorhergesehene »Stürme« des Lebens unbeschadet zu überstehen. Als »Familie« gelten dabei sowohl enge Freunde als auch Blutsverwandte. Gute Gesundheit und positive Familienbeziehungen sind die bestmögliche Gewähr dafür, daß wir in schlechten Zeiten nicht untergehen. Die soliden Grundlagen von Gesundheit und Familie bilden auch das Sprungbrett für Expansion, Wachstum und Glück im Leben. Je gesünder wir sind, desto mehr Wahlmöglichkeiten haben wir im Hinblick auf körperliche Bewegung, sportliche Aktivitäten, Reisen, Arbeit und physische Lebensfreude. Genauso gilt: Je gesünder unsere Beziehungen zu Freunden und zur Familie sind, desto mehr profitieren wir von den günstigen Gelegenheiten und der emotionalen Unterstützung, die sie uns bieten. Im I Ging heißt es, daß man seine Chancen am besten wahrt und schlechte Zeiten am besten übersteht, wenn man körperlich bei guter Gesundheit ist und emotional gefestigte Beziehungen hat. Verbessern Sie die Zonen für Gesundheit und Familie, wenn

- Ihre Gesundheit verbessert werden muß,
- Sie eine Operation planen oder sich von einem Eingriff erholen,
- Sie Leistungssport betreiben,
- Sie möchten, daß sich Ihr soziales Leben verbessert oder daß Ihre »Wahlfamilie« wächst,
- Sie Ihre Beziehungen zu Verwandten verbessern möchten.

Geschichten über die Wirkung der Bagua-Zone für Gesundheit und Familie
Abstellkammern und Herrschaftshäuser

Joan rief mich an, weil sie sich große Sorgen um den Gesundheitszustand ihres Mannes Charles machte. Seit sie vor einem Jahr in ihr neues Haus gezogen waren, ging es mit seiner Gesundheit ständig bergab. Kürzlich hatte er deshalb sogar seine Arbeit aufgeben müssen. Als ich Joan nach ihrer eigenen Gesundheit fragte, räumte sie ein, daß sie sich lethargisch fühlte und weniger Energie hatte als vor dem Umzug. Wir vereinbarten einen Termin für den nächsten Tag.

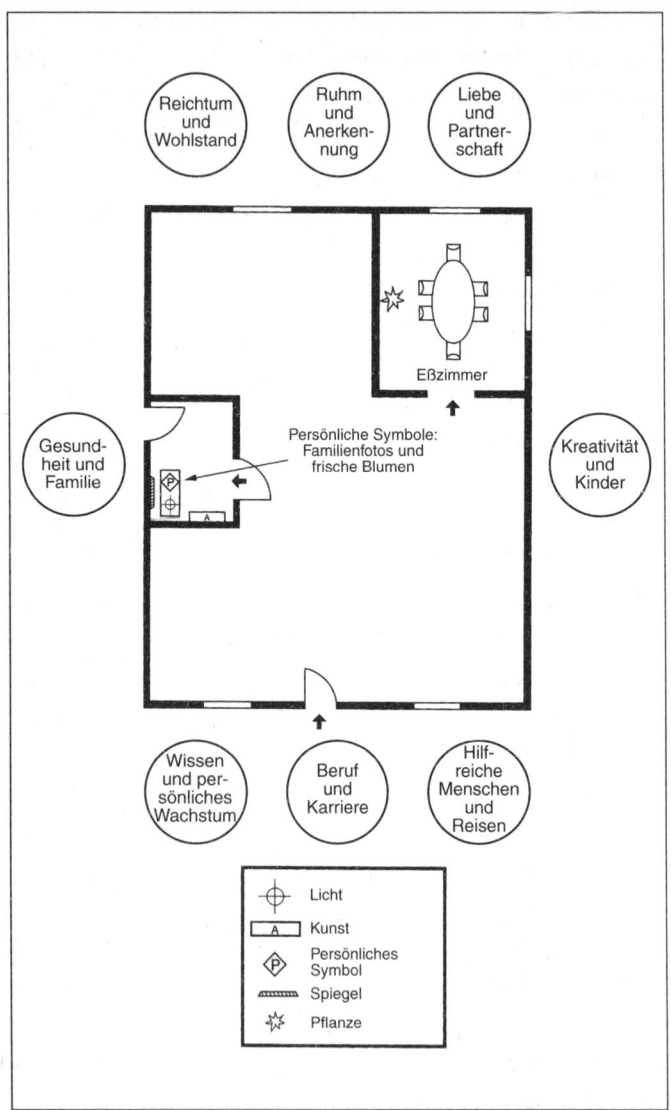

Reichtum und Wohlstand

Ruhm und Anerkennung

Liebe und Partnerschaft

Gesundheit und Familie

Kreativität und Kinder

Eßzimmer

Persönliche Symbole:
Familienfotos und
frische Blumen

Wissen und persönliches Wachstum

Beruf und Karriere

Hilfreiche Menschen und Reisen

Licht

Kunst

Persönliches Symbol

Spiegel

Pflanze

Als ich ankam, war ich beeindruckt von ihrem großzügigen und wunderschön ausgestatteten Haus. Vor allem wollte ich mir jedoch die Zone für Gesundheit und Familie ansehen. Es zeigte sich, daß sie aus einer dunklen kleinen Abstellkammer bestand, die vom Rest des Hauses abgetrennt war und lediglich das Katzenklo beherbergte. Das Zimmer und der Geruch dort unterschieden sich bemerkenswert vom Rest des Hauses. So ernst ihre Probleme auch waren, mußte Joan trotzdem lachen, als ihr klar wurde, in welchem Zustand sich diese Zone befand.

Maßnahmen und Ergebnisse

Wir stellten das Katzenklo eine Etage tiefer in die Toilette und statteten die Kammer mit einer Lampe und einem Holztisch aus. Auf den Tisch stellten wir frische Blumen als Symbol dynamischer Gesundheit sowie ein besonders schönes Familienfoto, um die Liebe innerhalb der Familie zu repräsentieren. Ich empfahl Joan, die Tür immer offen zu lassen und die Lampe als ständige Erinnerung daran, daß sich ihre und Charles' Gesundheit verbesserte, stets brennen zu lassen, bis tatsächlich Veränderungen eintreten würden. Um den freien Fluß des Chi in diesem Bereich anzuregen, bat ich Joan, einen holzgerahmten Spiegel über den Tisch zu hängen. Um das Chi noch weiter zu stärken und den Raum zu beleben, schlug ich vor, sie und Charles sollten Kunstwerke für das Zimmer auswählen, welche für sie beide optimale Gesundheit symbolisierten und die Farben aller fünf Elemente enthielten. Wir sprachen auch über das wesentlich aufwendigere Vorhaben, die Wand, die den Abstellraum vom Wohnzimmer trennte, herauszunehmen, um diese Zone in den Rest des Hauses zu integrieren.

Schließlich gingen wir durch die anderen Zimmer, um in jedem Raum die Zone für Gesundheit und Familie zu betrachten und Verbesserungen zu diskutieren. Joan beschloß, die größte und schönste Pflanze im Haus in die Gesundheitszone des Eßzimmers zu stellen. Während wir durch die Räume gingen, meinte sie, sie habe wohl alle richtigen Dinge an den jeweils falschen Stellen. Sie konnte es kaum abwarten, mit dem Umräumen zu beginnen. Charles' Gesundheit besserte sich umgehend. Ich glaube, wir hatten »den Splitter entfernt«, und er stand nicht mehr länger unter dem Einfluß des dunklen, stagnierenden Chi in der Gesundheits-Zone seines Hauses. Unterstützt durch all die persönlichen Dinge mit einem Bezug zu Familie und Gesundheit, die er und Joan »genau an den richtigen Stellen« im Haus anbrachten, wurde Charles in den nächsten Monaten wieder vollkommen gesund. Und auch Joans Lethargie verging schnell, als sie sich mit etwas beschäftigte, was sie nur zu gerne tat – umgestalten.

Badezimmer auf der Rennbahn

In 45 Jahren hatte sich Carol nur dreimal eine Verstauchung zugezogen: Bei drei Stürzen innerhalb der letzten acht Monate hatte sie sich das Handgelenk, den Finger und den Fuß verstaucht. Sie wußte genug über Feng Shui, um einen Zusammenhang zwischen ihrer plötzlichen Ungeschicklichkeit und dem Umzug in ihr neues Haus vor neun Monaten zu vermuten. Deshalb bat sie mich um einen Besuch.

Mit meinen Feng-Shui-Augen sah ich, daß Carol in einem fast perfekten Haus lebte. Es war quadratisch, und alle Bagua-Zonen waren strukturell intakt. Die Garage stand separat hinter dem

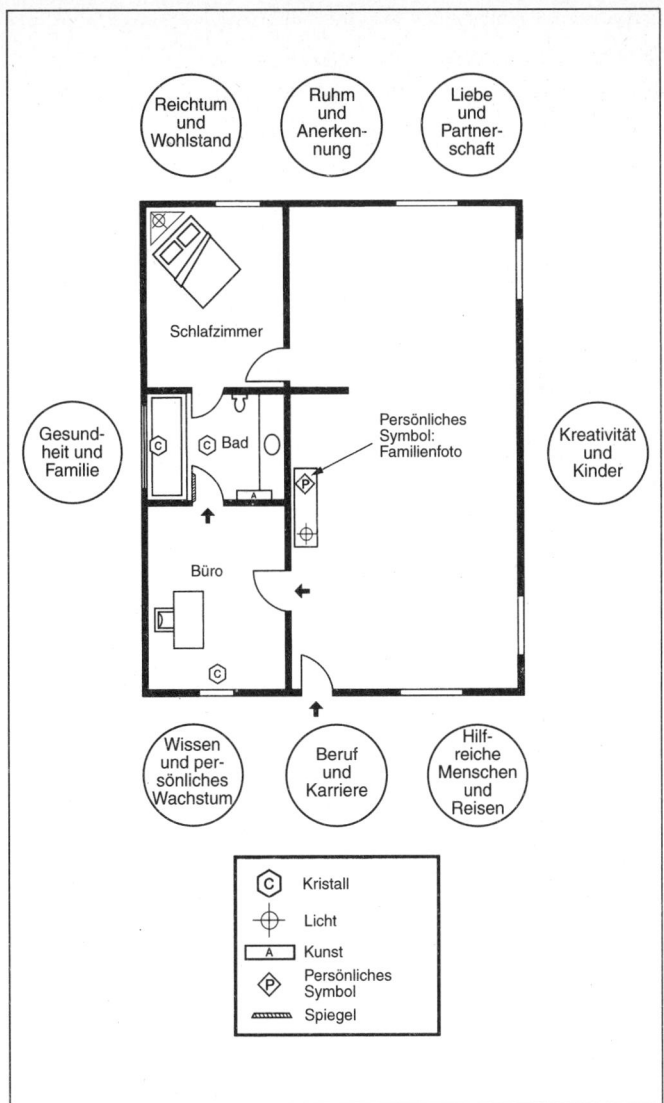

Haus, so daß die vordere Haustür den Eingangsbereich beherrschte. Der Standort bot das klassische Bild eines Lehnstuhls, wobei das Haus oberhalb der Straße lag, mit einem natürlichen Hügel im Rücken und hohen Hecken zu beiden Seiten. Draußen wirkte alles so perfekt, daß ich sehr neugierig war, wie die Zone für Gesundheit und Familie im Inneren des Hauses aussehen würde. Es zeigte sich, daß hier der einzige »Ausrutscher« im ansonsten harmonischen Fluß des Chi festzustellen war, denn hier lag das einzige Badezimmer des Hauses. Außerdem handelte es sich um ein sogenanntes »Jack-und-Jill«-Badezimmer in der Mitte zwischen zwei Schlafzimmern. Jedes der beiden Schlafzimmer hatte eine Tür zum Bad, und die Türen lagen einander direkt gegenüber.

»Diese Anordnung beschleunigt meist das Chi, wenn es durch das Badezimmer fließt, besonders, wenn man die Türen offen läßt«, erklärte ich Carol. »Wenn man in diesem schnellen Chi-Strom lebt, bewegt man sich oft selbst zu schnell. Wie ist es zu den Unfällen gekommen?«

Carol lächelte und schüttelte den Kopf, als sie daran dachte, wie sie gestürzt war. »Das ist erstaunlich. In allen drei Fällen hatte ich es eilig und war unachtsam. Und dann fand die Sache durch den Sturz jedesmal ein abruptes Ende. Was jetzt? Ich kann doch schließlich das Badezimmer nicht verlegen.«

Maßnahmen und Ergebnisse

Wir diskutierten, was Carol tun könnte, um das Chi im Badezimmer auszugleichen – beispielsweise die Türen so viel wie möglich geschlossen halten. Dadurch würden statt des »reißenden Flusses«, der durch die offenen Türen schoß, drei getrennte Bereiche entstehen, in denen das Chi strömen konnte, jeweils einer in den beiden Schlafzimmern und einer im Badezimmer. Zweitens mußte Carol die Abflüsse im Badezimmer und besonders die Toilette zudecken, wenn sie nicht benutzt wurden. Dadurch würde das Chi angehoben, könnte durch den Raum zirkulieren und die Gesundheits-Zone nähren. Um mehr vitales Chi ins Badezimmer zu ziehen und dessen Zirkulation sicherzustellen, schlug ich vor, Carol solle zwei runde, facettierte Kristalle aufhängen, einen im Fenster, um das Chi von draußen anzuziehen, und einen in der Mitte des Raumes, um das Chi zwischen den beiden Türen auszugleichen. Die Kristalle würden auch dazu beitragen, das Chi bei geöffneten Türen zu balancieren.

Ich sah mir das einzige gerahmte Bild im Badezimmer an und fragte Carol, ob es ihr gefiel.

»Na ja, es war übrig, nachdem ich alle Bilder im Haus verteilt hatte, deshalb hängt es nun hier. Ich finde es ganz okay.«

»Weil das Badezimmer in einer so wichtigen Bagua-Zone liegt, sollte hier eigentlich ein Bild hängen, von dem Sie absolut begeistert sind und das wirklich gute Gesundheit für Sie symbolisiert.«

Carol war Feuer und Flamme für den Bilderwechsel, und wir nahmen das vorhandene Bild gleich mit, als wir das Bad verließen.

Als nächstes empfahl ich Carol, einen Garderobenspiegel an die Außenseite der Badezimmertür zu hängen, die ins vordere Schlafzimmer führte. »Da Sie diesen Raum als Arbeitszimmer benutzen«, sagte ich, »wird der Spiegel Ihr produktives Chi weiter fördern und Ihre Kreativität verbessern. Ich würde Ihnen aber keinen Spiegel für die andere Tür, die zu Ihrem Schlafzimmer führt, empfehlen. Die Bewegungen, die er reflektiert, können im Halbschlaf oder wenn Sie nachts aufstehen, sehr irritierend sein. Zusätzlich zu dem Spiegel an Ihrer Bürotür können Sie jedoch einen facettierten Kristall dort ins Fenster hängen, um Ihr Gesundheits- und Familien-Chi weiter zu verbessern.«

Wir gingen durch den Rest des kleinen Hauses und begutachteten die Zonen für Gesundheit und Familie in den anderen Räumen. In Carols Wohnzimmer stand eine wunderschöne Lampensammlung. Die kleinste Lampe befand sich auf einer Anrichte in der Gesundheits-Zone des Zimmers.

»Welche ist Ihre Lieblingslampe?« fragte ich.

»Diese hier«, sagte Carol und zeigte auf die Wissens-Zone des Zimmers, wo eine Lampe stand, die aus einer wunderschönen Bronzeskulptur einer Frau mit Blumen gestaltet war.

»Ich würde vorschlagen, daß Sie diese Lampe in Ihre Gesundheits-Zone stellen und sie einige Zeit auch während des Tages brennen lassen«, sagte ich. »Sie kann als verstärkendes Symbol für perfekte Gesundheit, eine liebevolle Familie und gute Freunde dienen.«

Carol stimmte zu und stellte ihre »Heilerin« gleich auf die Anrichte. Während wir miteinander sprachen, nahm sie auch ihre Familienfotos aus der Karriere-Zone des Wohnzimmers und stellte sie auf die Anrichte, so daß sich ein wunderschönes Gesundheits-und-Familien-Stilleben aus der Lampe und den Fotos ergab.

»Meine Eltern sind immer noch verärgert darüber, daß ich nach Kalifornien gezogen bin«, sagte sie. »Sie haben meine Geduld wirklich auf die Probe gestellt, und ich wünsche mir, daß wir wieder besser miteinander auskommen.«

Während der nächsten Monate hängte Carol ihre Kristallkugeln und ihren Spiegel auf und gestaltete für das Badezimmer eine wunderschöne Kollage aus Bildern, die sie an perfekte Gesundheit denken ließen. Ungefähr vier Monate nach unserem Treffen sprach ich noch einmal mit ihr.

»Ich kann nur sagen, daß ich seitdem gesund war und auch nicht mehr gestürzt bin«, sagte sie. »Ich glaube, ich bin insgesamt ruhiger, sogar als meine Eltern mich letzten Monat hier besucht haben.«

»Wie ist der Besuch denn verlaufen?« fragte ich sie.

»Besser als erwartet – sie haben hier im Haus gewohnt, und es war eine schöne Zeit. Stellen Sie sich vor – mein Vater konnte sich nicht daran gewöhnen, den Toilettendeckel zu schließen, und weder er noch meine Mutter dachten daran, die Türen zum Bad zuzumachen. Aber um des lieben Friedens willen habe ich darauf verzichtet, sie immer wieder auf die Feng-Shui-Regeln für das Badezimmer hinzuweisen, und habe einfach selbst den Deckel und die Türen geschlossen. Nun, wo sie wieder zu Hause sind, erzählt mir meine Mutter, daß mein Vater die Toilettendeckel schließt, und daß sie einen Spiegel an die Außenseite der Tür gehängt hat. Meine Eltern praktizieren jetzt ein gutes Feng Shui – das gefällt mir richtig!«

**Persönliche Verbesserungen
in der Zone für Gesundheit und Familie**

Sie können einen oder mehrere der folgenden Gegenstände benutzen, um die Zone für Gesundheit und Familie zu verbessern:

- Gesunde Pflanzen aller Art
- Frische Schnittblumen in allen Farben

- Poster, Bilder, Kollagen, Fotos und Figuren von Menschen, die in optimaler körperlicher Verfassung sind, von Familienmitgliedern und Freunden, Pflanzen und Blumen, Gärten und Landschaften
- Gegenstände in den Farben Blau und Grün
- Gegenstände aus Holz einschließlich Möbeln und Dekorationen
- Blumenmuster in Stoffen, Polstermöbeln und Tapeten
- Zitate, Affirmationen und Sprichwörter, die sich auf ideale Gesundheit und ein gutes Verhältnis zur Familie beziehen
- Andere Dinge, die einen persönlichen Bezug zu Gesundheit und Familie haben, beispielsweise Erinnerungsstücke, Sporturkunden, Familienerbstücke etc.

Affirmationen für Gesundheit und Familie

Wählen Sie aus der folgenden Liste die Affirmationen, die Ihnen gefallen, schreiben Sie sie auf und hängen oder stellen Sie sie zu Hause, im Büro, in Ihrem Zimmer oder auf dem Schreibtisch in die Zone für Gesundheit und Familie. Sie können die Beispiele aus der Liste auch als Anregungen verwenden, um Ihre eigenen, persönlichen Affirmationen zu formulieren.

- Ich bin ein dynamischer gesunder Mensch.
- Meine Gesundheit ist in jeder Beziehung ausgezeichnet.
- Meine familiären Beziehungen sind hervorragend.
- Ich habe harmonische Beziehungen zu meinen Freunden.
- Mein Leben ist mit dynamischer Gesundheit und liebevollen Beziehungen gesegnet.

Die Zone für Reichtum und Wohlstand

Ihre Zone für Reichtum und Wohlstand liegt im hinteren Teil des Raumes oder der Oberfläche, mit der Sie arbeiten (vgl. Bagua-Karte Seite 103).

Die Weisheit des I Ging im Hinblick auf Reichtum und Wohlstand

Reichtum und Wohlstand haben einen Bezug zum I-Ging-Trigramm Sun, welches man als »ständigen Einfluß des Windes« übersetzt. Hier geht es um den idealen Weg durch einen ehrlichen, sicheren und allmählichen Aufbau von Wohlstand. Wenn wir uns die Zeit nehmen, unseren Wohlstand langsam und beharrlich zu entwickeln, indem wir die Yin-Eigenschaften von Geduld, Vertrauen und Selbstkontrolle pflegen, schaffen wir eine solide finanzielle Grundlage. Auf diese Weise gelingt es uns am ehesten, so wie der Wind allmählich einen Felsen oder Baum formt, jeden Tag zu genießen, während wir unsere finanzielle Zukunft sichern.

Risikoreiche Unternehmungen sind ihrer Natur nach typischerweise stark Yang, und wie ein heftiger Sturm können sie unvorhersagbar sein. Sie können uns phantastische Gewinne oder vernichtende Verluste bescheren. Im I Ging heißt es, der stetige und allmähliche Aufbau von Wohlstand sei der beste Weg, das Glück für Gegenwart und Zukunft zu sichern.

Glück begegnet uns in vielerlei Gestalt, beispielsweise indem wir gute Freunde und liebevolle familiäre Beziehungen haben, bei guter Gesundheit sind oder unsere Kreativität in der Welt ausdrücken. Der ideale Weg, die Dinge, die wir schätzen, zu erlangen und zu bewahren, gleicht dem sanften, beständigen Einfluß einer warmen Brise. Wenn wir die Menschen, Orte und Dinge liebkosen, die uns ein Gefühl von Überfluß und Reichtum in unserem Leben vermitteln, dann stehen wir im Einklang mit dieser I-Ging-Lehre.

Verbessern Sie Ihre Zonen für Reichtum und Wohlstand, wenn Sie

- Ihre Einkünfte erhöhen wollen,
- Geld für einen bestimmten Zweck sammeln oder auf ein bestimmtes Ziel hin sparen,
- generell Ihr Bewußtsein für Überfluß und Wohlstand in Ihrem Leben stärken wollen.

Geschichten über die Wirkung der Bagua-Zone für Reichtum und Wohlstand

Der Glücksbrunnen

Elaine war sehr froh darüber, daß sie es sich leisten konnte, ein Haus in der wohlhabenden Gegend zu kaufen, in der sie immer hatte leben wollen. Durch den Bankrott der Vorbesitzer war das Haus im Preis so gefallen, daß es für sie erschwinglich geworden war. Doch obwohl das Haus sehr schön war, hatte Elaine das Gefühl, daß irgend etwas damit nicht stimmte. Sie wußte, daß die Vorbesitzer dort erhebliche finanzielle Probleme erlebt hatten. Deshalb bat sie mich, schon vor ihrem Einzug einen kurzen Blick auf das Haus zu werfen und ihr dann später bei der Einrichtung zu helfen.

Ein Blick auf ihr neues L-förmiges Haus, dessen Reichtums-Zone in einem sumpfigen Teil des hinteren Gartens lag, machte

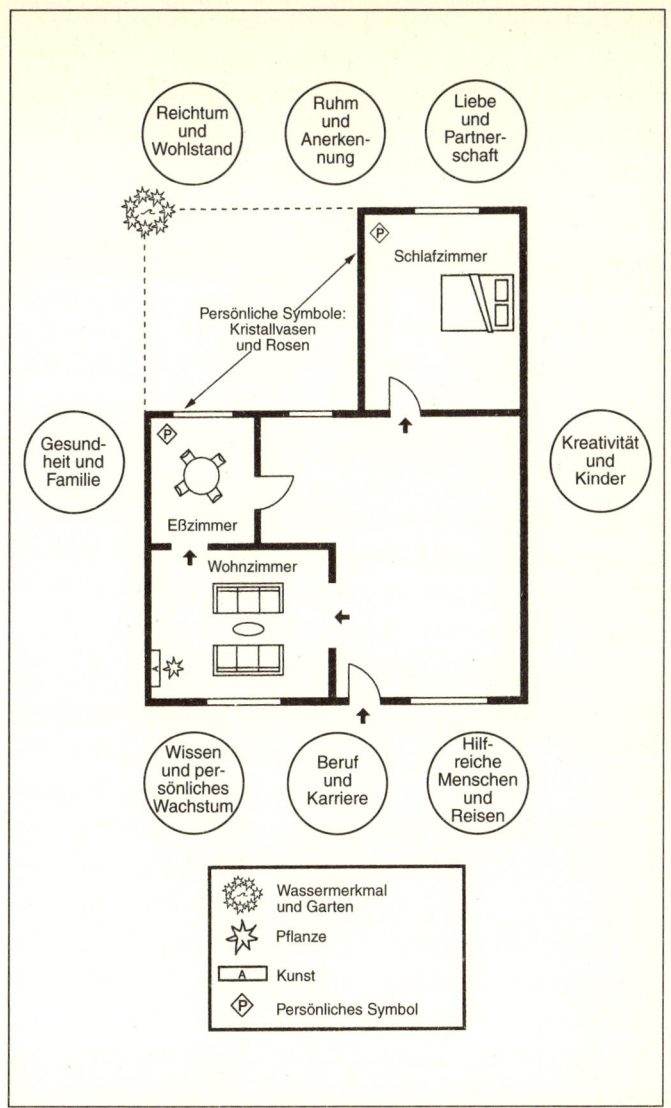

Reichtum und Wohlstand

Ruhm und Anerkennung

Liebe und Partnerschaft

Schlafzimmer

Persönliche Symbole:
Kristallvasen
und Rosen

Gesundheit und Familie

Kreativität und Kinder

Eßzimmer

Wohnzimmer

Wissen und persönliches Wachstum

Beruf und Karriere

Hilfreiche Menschen und Reisen

Wassermerkmal und Garten

Pflanze

Kunst

Persönliches Symbol

137

mir deutlich, daß hier einige wichtige Bagua-Maßnahmen erforderlich waren. Wir diskutierten die Möglichkeit, den bestehenden Grundriß so zu erweitern, daß daraus ein quadratisches Haus entstehen würde – aber das war ein größeres Projekt, das sie sich frühestens in einem Jahr würde leisten können. Hier mußte jedoch sofort etwas geschehen, um die »bankrotte« Form des Hauses zu verändern.

Maßnahmen und Ergebnisse

Ich schlug vor, durch einen großen Brunnen oder Teich in der Reichtumszone das Haus symbolisch zu einem Quadrat zu erweitern und das Chi anzuheben und zirkulieren zu lassen. Das gefiel Elaine sehr gut, und während das Haus in den folgenden Wochen renoviert wurde, setzte sie einen 1,50 Meter großen Brunnen ein, auf dem die Figur eines Engels thronte und den sie mit einem Hochbeet voll von roten, blauen und violetten Blüten umgab. Gleich nach ihrem Einzug trafen wir uns wieder und machten einen Rundgang durch das Haus, um die Wohlstands-Zonen in allen Zimmern zu verbessern. Sie sah sich ihre Kunstgegenstände, Vasen und Kristalle an, wählte Stücke aus, die ein Gefühl von Reichtum und Überfluß vermittelten, und gab ihnen einen Platz in den Reichtums-Zonen der einzelnen Zimmer. In der Reichtums-Zone ihres Schlafzimmers stand immer eine Kristallvase mit frischen roten Rosen, die Wohlstand und Liebe zugleich symbolisieren. Um die Behandlung zu vervollständigen, hängte sie ein Windspiel in die Eingangstüre, »um Reichtum und günstige Gelegenheiten ins Haus einzuladen«.

Nachdem alles fertig war, hatte sich das Chi in Elaines neuem Haus verändert. Damit es zirkulieren konnte, schlug ich vor, sie solle ihren neuen Springbrunnen eine Weile nicht ausschalten und so beleuchten, daß man ihn auch bei Dunkelheit sehen konnte.

Nach mittlerweile vier Jahren genießt Elaine immer noch den Anblick und Klang ihres Bagua-»Reichtumsgartens«. Im Gegensatz zu den Vorbesitzern hat sich ihre finanzielle Situation ständig verbessert. Stets bieten sich ihr neue Gelegenheiten, ihren Wohlstand zu mehren und für finanzielle Sicherheit zu sorgen.

Samt im Badezimmer

Als sie ihre Wohnung mietete, wußte Helen sofort, daß sie Feng-Shui-Unterstützung brauchen würde. Die Wohnung bestand aus drei Ebenen, deren erste ein schmaler, dunkler Flur war, von dem aus eine Treppe ins nächste Stockwerk ging und Türen nach draußen, in die Garage und in die Garderobe führten. Obwohl sie keinen Grund dafür nennen konnte, hatte Helen ein merkwürdiges Gefühl im Hinblick auf die zwei Badezimmer. Wie sich herausstellte, lagen beide in der Reichtums-Zone, jeweils auf dem zweiten und dritten Stock.

Maßnahmen und Ergebnisse

Um zu verhindern, daß das Chi des Hauses »zur Tür hinausfloß«, schlug ich Helen vor, einen runden, geschliffenen Kristall über die erste Treppenstufe zu hängen und einen Spiegel an der Tür zur Garderobe anzubringen. Beides würde helfen, das Chi anzuheben und in die oberen Stockwerke zurückzuschicken. Ich wies darauf hin, daß der Kristall mindestens 2,20 Meter über der Treppe hängen muß, damit niemand das Gefühl hat, er könnte sich daran stoßen. Außerdem bat ich Helen, den Spiegel so hoch zu hängen, daß er beim Hineinsehen den Kopf vollständig reflektierte. Der Spiegel würde außerdem dafür sorgen, daß der Flur größer und heller wirkte.

»Damit das Chi ständig angehoben wird, sollten Sie ein Kunstwerk, das Ihnen besonders gut gefällt, an die Wand neben der Treppe hängen«, schlug ich vor. »Bei seinem Anblick sollte Ihr Herz jedesmal höher schlagen. Achten Sie auch darauf, daß Sie Ihre Bilder nicht in einer absteigenden Reihe parallel zur Treppe aufhängen. Nehmen Sie entweder ein Bild, das groß genug ist, um alleine zu hängen, oder bringen Sie mehrere kleinere Bilder in einer waagerechten Linie nebeneinander an.«

Damit Helens Wohlstand in den oberen Stockwerken nicht »durch den Abfluß rauschte«, würde sie die Abflüsse in den Badezimmern stets verschlossen halten, wenn sie nicht gebraucht wurden. Dasselbe galt für den Toilettendeckel.

»Das Chi fließt ganz ähnlich wie Wasser und wird dadurch leicht in einen offenen Abfluß gezogen, vor allem wenn er so groß ist wie bei einer Toilette«, erklärte ich.

»Ich werde es nicht zulassen, daß etwas von meinem vitalen Chi aus dem Haus herausgezogen wird«, versicherte Helen.

Sie meinte es ernst. Einen Tag nach unserer Verabredung brachte sie Spiegel und Kristall in der Eingangshalle an. Obwohl sie die Wohnung nur gemietet hatte, tauschte sie den alten verrosteten Abfluß in ihrer Badewanne gegen einen neuen aus, den sie leicht öffnen und schließen konnte. Außerdem plante sie, beide Badezimmer mit farbigen Samtvorhängen und eleganten Messing-Accessoires auszustatten.

Zwei Tage nach unserer Verabredung erhielt Helen einen Scheck, auf den sie schon über ein Jahr gewartet hatte. Sie war verblüfft, daß er gerade in dem Moment ankam, als sie ihren Bagua-Kristall und den Spiegel in der Eingangshalle angebracht hatte. Es konnte ein Zufall sein, dachte sie, aber es konnte auch ein Zeichen dafür sein, daß ihr Reichtums-Chi wirklich zirkulierte. Sie bestellte den Klempner, der den Badewannenabfluß austauschen sollte, und begann, beide Badezimmer mit Farben und Accessoires auszustatten, die ihr das Gefühl von Reichtum und Luxus vermittelten. Drei Tage nachdem der Abfluß in der Badewanne ausgetauscht worden war, erhielt Helen einen Scheck über eine größere Summe aus dem Treuhandfonds ihrer Eltern, ein Betrag, der vermutlich schon vor Monaten freigeworden war. Sie rief mich sofort an, um mir die guten Nachrichten mitzuteilen.

»Es ist erstaunlich«, jubelte sie. »Ich hätte nie gedacht, daß Feng Shui zu derart lukrativen Ergebnissen führen könnte!«

»Das hat vor allem mit Ihrer Entschlossenheit zu tun, das denkbar Beste aus Ihrer Wohnung zu machen«, sagte ich. »Wenn Sie das Chi so gestalten, daß es harmonisch durch Ihre Umgebung fließt, können wunderbare Dinge geschehen – in Ihrem Fall wunderbare finanzielle Dinge!«

Neues Haus, neues Glück

Ich lernte Sandy kennen, als sie mich bat, einen Blick auf das Haus zu werfen, das sie verkaufen wollte. Es hatte ihr nichts als Ärger bereitet mit Feuchtigkeit und Schimmel, und nun verband sie damit auch noch schlechte Erinnerungen: Ihre Ehe war in diesem Haus zerbrochen. Sie und ihre kleine Tochter wollten nun in einem anderen Haus einen neuen Anfang machen. Ihre Zufahrt führte einen steilen Hügel hinunter, so daß das Haus weit unterhalb der Straße und im ständigen Schatten lag. Ich prüfte die Gesamtform und stellte fest, daß sowohl die Reichtums-Zone als auch die Zone für Liebe und Partnerschaft fehlten, so daß die Zone für Ruhm und Anerkennung wie eine Halbinsel in den hinteren Garten ragte.

»Ich wette, Sie sind bei Ihrer Arbeit und in ihrer Gemeinde sehr angesehen«, sagte ich.

Sandy sah mich etwas verblüfft an. »Ja, ich glaube schon. Ich bin ziemlich aktiv im sozialen Bereich, und ich weiß, daß ich bei der Arbeit einen guten Ruf habe. Aber wie kommen Sie darauf?«

Ich erklärte ihr, daß die Zone für Ruhm und öffentliche Anerkennung durch einen überdachten Hintereingang zum Haus repräsentiert wurde, während die Reichtums-Zone in der Mitte der Terrasse lag und die Zone für Liebe und Partnerschaft auf einem abschüssigen Teil des hinteren Gartens.

»Was Sie nicht alles wissen«, staunte sie. »Kein Wunder, daß bei mir das Geld immer knapp ist. Ich gebe es schneller aus, als ich es verdiene, und das meiste in der Regel für dieses Haus. Über Liebe und Partnerschaft möchte ich am liebsten gar nicht reden. Aber was soll ich denn nun ändern? Eigentlich möchte ich dieses Haus nur verkaufen, und dann nichts wie weg von hier.«

Wir verbrachten die nächste Stunde damit, Verbesserungen für die fehlenden Bagua-Zonen zu planen. Wir kamen zu dem Schluß, daß für die Reichtums-Zone verschiedene Kästen mit blühenden Pflanzen und Palmen ausreichen würden, um das Reichtums-Chi zu stabilisieren. In der Liebeszone sollte ein großes, erhöht stehendes Vogelhaus das Chi der freien Natur beleben, während Farne und Blumen, die im Schatten gedeihen, den Bereich freundlicher gestalten sollten. Sandy wurde klar, daß sie ordentliche Stufen anbringen mußte, damit die Leute gefahrlos in diesen tiefergelegenen Bereich des Grundstücks und wieder heraus gelangen konnten.

Um das Chi des tiefliegenden Standortes anzuheben, schlug ich Sandy zwei Ergänzungen für das Dach des Hauses vor: erstens eine Wetterfahne, auf der ein Vogel zu sehen war, und zweitens Lampen, die die vier Ecken des Dachs beleuchten sollten. Außerdem sollte sie entlang des Weges zum Haupteingang des Hauses viele gelbe und rote Blumen pflanzen, um das Erd- und das Feuer-Element zu stärken, das Chi anzuheben und den feuchtnassen Eindruck des Grundstücks auszugleichen. Dadurch würde gleichzeitig der tiefgelegene Standort des Hauses ausgeglichen und ein passender Käufer angezogen.

Eine Woche später trafen Sandy und ich uns erneut, um die beiden Häuser zu besichtigen, die sie zum Kauf in engere Wahl gezogen hatte. Eins davon schied wegen seiner überwältigenden Feng-Shui-Probleme sofort aus. Das andere war für mich besonders interessant. Es hatte genau dieselbe Form wie das Haus, das sie verkaufen wollte. Zwar lag es auf gleicher Höhe mit der Straße, aber auch hier fehlten die Zonen für Reichtum und Wohlstand sowie Liebe und Partnerschaft, während die Zone für Ruhm und öffentliche Anerkennung als Anbau aus dem hinteren Teil des Hauses ragte. Sandy hatte sich in die positiven Seiten des Hauses verliebt – Standort, Aussicht und Umgebung – und wollte die anstehenden Bagua-Probleme lösen. »Ich will aus diesem Haus etwas machen. Was muß ich tun?«

Wir sahen uns genauer um. Hinter dem Haus war ein großer Teil des Grundstücks mit Platten ausgelegt, so daß die Zone für Liebe und Partnerschaft dadurch andeutungsweise dargestellt wurde. Das galt jedoch nicht für die Reichtums-Zone, die in einem Bereich lag, der extrem steil in eine Schlucht hinunterführte.

»Das erinnert mich an die Reichtums-Zone in dem Haus, das Sie verkaufen wollen«, sagte ich.

»Das ist völlig unakzeptabel«, meinte Sandy. »Ich werde nicht zulassen, daß meine Finanzen irgendeinen Hügel hinunterrollen. Was muß ich tun, um das in Ordnung zu bringen?«

Maßnahmen und Ergebnisse

Wir entwickelten einen realisierbaren Plan. Sandy würde zunächst auf dem Hügel Erde aufschütten lassen und eine Terrasse anlegen, so daß sie einen ebenen Boden hatte. Dann sollten hier Steinplatten verlegt werden, um den stabilisierenden Einfluß eines festen Bodens zu gewährleisten und einen sicheren Platz für einen Springbrunnen, Blumentöpfe und eine Bank zu schaffen. Sandy mußte einen Brunnen finden, der ihr besonders gut gefiel, und der mindestens 1,50 Meter hoch sein sollte, um die Reichtums-Zone zu stabilisieren. Die Bank sollte Leute anziehen, in diesen Bereich zu kommen und es sich hier bequem zu machen.

Mehrere Wochen lang suchte Sandy nach dem perfekten Brunnen. Schließlich fand sie das richtige Exemplar und ließ ihn auf ihrer neuen Terrasse aufstellen. Zwei Tage später konnte sie den größten finanziellen Gewinn ihres Lebens verbuchen. Sie war schockiert und sagte mir am Telefon, daß sie dieses Ereignis beinahe beängstigend fand.

»Sie haben mir nicht gesagt, daß es so schnell wirken würde!« rief sie aus.

»Ich weiß auch nie genau, was passieren wird«, sagte ich.

»Aber ich weiß, daß die Resultate schnell eintreten, wenn man die Bagua-Zone richtig behandelt.«

Sandy schwieg einen Moment und sagte dann: »Ich glaube, ich lasse meine Liebes-Zone fürs erste so, wie sie ist. Ich bin noch nicht bereit, mich mit den Entwicklungen auseinanderzusetzen, die da möglicherweise bei entsprechenden Veränderungen auf mich zukommen könnten!«

**Persönliche Maßnahmen zur Förderung
von Reichtum und Wohlstand**

Wählen Sie aus der folgenden Liste einen oder mehrere Gegenstände, um Ihre eigene Zone für Reichtum und Wohlstand zu verbessern:

- Dinge, die das »Chi rufen«, wie beispielsweise Windspiele, Windsäcke, Windmühlen oder Fahnen
- Wertgegenstände oder Sammlungen, beispielsweise Antiquitäten, Kunstwerke, Skulpturen, Münzen oder Kristalle
- Poster, Gemälde, Kollagen, Fotos und Figuren, die das darstellen, was Sie sich wünschen, beispielsweise Häuser, Autos, Boote, Ausrüstungen, oder Schmuck, und die Ihnen ein starkes Gefühl von Reichtum und Überfluß vermitteln
- Gegenstände in den Farben Blau, Purpur und Rot
- Gesunde Pflanzen, vor allem solche mit glänzenden, rundlichen, münzenförmigen Blättern wie beispielsweise Geldbaum, Springkraut und Begonie; Pflanzen, die in den Reichtumsfarben Rot, Purpur und Blau blühen, beispielsweise Alpenveilchen, Begonie und Usambaraveilchen
- Frische Blumen und Seidenblumen in den Farben Rot, Purpur und Blau

- Wasser-Merkmale wie Springbrunnen oder kleine Wasserfälle, die das reichliche Fließen von Geld und Wohlstand symbolisieren
- Zitate, Affirmationen und Sprichwörter, die sich auf Reichtum und Wohlstand beziehen
- Gegenstände, die für Sie persönlich einen Bezug zu Reichtum und Wohlstand haben, beispielsweise das erste Geld, das Sie in Ihrem neuen Geschäft eingenommen haben, oder ausländisches Geld, das Sie von einer erfolgreichen Geschäftsreise mitgebracht haben.

Affirmationen für Reichtum und Wohlstand

Wählen Sie aus den unten aufgeführten Affirmationen eine aus, die Sie anspricht, schreiben Sie sie auf und hängen oder stellen Sie sie in die Zone für Reichtum und Wohlstand in Ihrem Haus, am Arbeitsplatz, in Ihrem Zimmer, auf Ihrem Schreibtisch oder in irgendeine andere Bagua-Zone, an der Sie arbeiten. Sie können diese Affirmationen auch als Anregungen benutzen, um danach Ihre persönlichen Affirmationen für Reichtum, Überfluß und Wohlstand zu formulieren.

- Ich bin in jeder Beziehung reich und wohlhabend.
- In meinem Leben gibt es einen großzügigen Strom von Reichtum und Wohlstand.
- Die größten Reichtümer – Gesundheit, Wohlstand und Glück – blühen ständig in meinem Leben.
- Stets komme ich in meinem Leben mühelos zu Reichtum und Wohlstand.
- Ich bin in meinem Leben mit einem ständigen und reichlichen Strom von Geld gesegnet.

Die Zone für Ruhm
und öffentliche Anerkennung

Ihre Zone für Ruhm und öffentliche Anerkennung liegt im hinteren Teil des Raumes oder der
Oberfläche, an der Sie arbeiten, in der Mitte zwischen den Zonen für Reichtum und Wohlstand
bzw. Liebe und Partnerschaft (vgl. die Bagua-
Karte auf Seite 103).

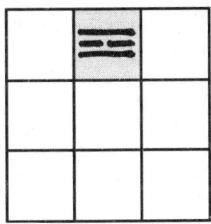

**Die Weisheit des I Ging
im Hinblick auf Ruhm und öffentliche Anerkennung**

Ruhm und öffentliche Anerkennung haben einen Bezug zum
Trigramm Li, das man als »anhängliches Feuer« übersetzen
kann. Das Feuer hat die Eigenschaft, an den Dingen zu haften,
die es verbrennt, ein natürlicher Zustand, der auch für unseren
Ruf in der Öffentlichkeit gilt. Sei er nun gut oder schlecht, wir
können diesen Ruf nicht einfach abschütteln. Er haftet uns an
und wärmt oder verbrennt uns in den Vorstellungen der anderen. Wenn wir uns um einen guten Ruf bemühen, ergeben sich
in unserem Umfeld überall freundliche Beziehungen, die uns
die besten Chancen für eine sichere und glückliche Zukunft bieten. Wenn die Menschen aufeinander Rücksicht nehmen und
sich gegenseitig unterstützen, ist ihnen ein guter Ruf gewiß.
Das öffnet unsere Welt für Verbindungen, die sich gegenseitig
stärken, Verbindungen und günstige Gelegenheiten, die sich
nur dann ergeben, wenn Vertrauen und Fairneß vorhanden
sind. Unser Leben wird von gutem Willen »erleuchtet«. Einfach
ausgedrückt, es ist intelligent, sich um gute nachbarschaftliche

147

Beziehungen zu bemühen. Wenn wir »alle Brücken abbrechen« und uns nicht um unseren Ruf bei Freunden und Nachbarn kümmern, gefährden wir unsere Zukunft. Am Ende stellen wir fest, daß man uns mißtraut und daß wir alleine und deshalb ohne Unterstützung und Fürsorge bleiben. Das I Ging fordert uns auf, sorgfältig auf unseren Ruf zu achten – es ist nur natürlich, daß er uns lange Zeit anhängen wird.

Verbessern Sie Ihre Zone für Ruhm und öffentliche Anerkennung, wenn

- Sie sich mehr Anerkennung bei der Arbeit oder zu Hause wünschen,
- Sie einen guten Ruf in der Nachbarschaft erwerben wollen,
- Sie mit dem, was Sie tun, bekannt werden wollen.

Geschichten über die Wirkung der Bagua-Zone für Ruhm und Anerkennung
Spieglein, Spieglein an der Wand ...

Lee lebte seit ungefähr einem Jahr mit ihrem zwölfjährigen Sohn in einem kleinen Haus auf dem Land. Der größte Teil ihres Lebens verlief ausgezeichnet. Ihr Sohn war ein guter Schüler, sie verbrachten ihre gemeinsame Freizeit mit vielen kreativen Aktivitäten, und ihre Gesundheit war hervorragend. Aber als ausgezeichnete Fachautorin hätte sie eigentlich mehr interessante Aufträge bekommen sollen. Doch ihr Chef hatte offenbar vergessen, wie talentiert sie war, und gab ihr Arbeiten, mit denen sie erheblich unterfordert war. In jüngster Zeit hatte sie sich bei verschiedenen anderen Unternehmen beworben, aber sogar angesichts der besten Arbeitsproben zeigte niemand Interesse. »Bevor wir in dieses Haus gezogen sind, schien es in dieser Hinsicht für mich überhaupt keine Grenzen zu geben«, erzählte mir Lee. »Bitte kommen Sie doch zu mir und erklären mir, was da passiert ist!«

Als ich ankam, stellte ich gleich fest, daß Lees kleines Haus ein perfektes Rechteck bildete. Die Zimmer waren behaglich eingerichtet mit vielen Fotos von Verwandten und Freunden an den Wänden und in den Regalen. Erst als wir ins Bad gingen, das genau in der Zone für Ruhm und öffentliche Anerkennung lag, verstand ich das Problem. Anders als der Rest des Hauses, war das Badezimmer dringend renovierungsbedürftig. Die Tapete fiel fast von den Wänden, und überall zeigten sich dunkle Wasserflecken. In der Luft lag ein starker Schimmelgeruch. Das Schlimmste war jedoch ein Spiegelschrank, der so niedrig über der Toilette hing, daß ich mich nur bis zur Brusthöhe darin sehen konnte. Ich bat Lee, sich davorzustellen. Ihr Spiegelbild wurde am Hals abgeschnitten.

»Benutzen Sie diesen Spiegel?« fragte ich.

»Oh ja, ich bücke mich einfach, damit ich mich darin sehen kann.« Während Lee sprach, weiteten sich ihre Augen in plötzlichem Erkennen. »Glauben Sie etwa, die Tatsache, daß ich mich jeden Tag bücken muß, um mein Spiegelbild zu sehen, könnte etwas damit zu tun haben … ach, du meine Güte, was kann ich denn nur dagegen tun?«

Maßnahmen und Ergebnisse

Lee holte ein Handtuch und deckte damit den Spiegel ab. Sofort verbesserte sich das Chi im Raum. Ich schlug vor, den Spiegelschrank abzuhängen und durch ein Bild zu ersetzen, das für Lee persönlich Ruhm und Anerkennung symbolisierte. Sie stellte sich dabei ein Foto mit elegantem Papier und schönen Stiften in einem leuchtend roten Rahmen vor. Außerdem schlug ich vor, sowohl den Boden als auch die Tapeten so bald wie möglich zu erneuern, und wies darauf hin, daß rote Farbakzente besonders gut in die Ruhm-Zone passen. Schließlich war hier die »Halle des Ruhms«, und es galt, sie mit warmem, lebendigem Chi zu füllen. Ich erinnerte Lee daran, den Toilettendeckel stets geschlossen zu halten und auch die Abflüsse im Waschbecken und in der Dusche zu schließen, wenn sie nicht benutzt wurden, um zu verhindern, daß das Chi weggespült würde. Als nächstes sprachen wir über die Beleuchtung. Die einzige Deckenlampe ließ den Spiegel über dem Waschbecken im Halbdunkel. Lee beschloß, eine Lichtleiste direkt über diesem Spiegel anzubringen, damit sie es genießen konnte, jeden Tag aufrecht davorzustehen.

Während der nächsten zwei Wochen gestaltete Lee das Badezimmer um. Bei der Arbeit daran wurde ihr immer wieder bewußt, wie sehr sie begonnen hatte, sich »klein« zu fühlen, als sie sich jeden Tag im Dämmerlicht vor dem winzigen Spiegel gebückt hatte. Sie beschloß, aus Fotos, die sie selbst bei der Arbeit zusammen mit anderen Leuten zeigten, eine Kollage zu gestalten, sie rot einzurahmen und dort hinzuhängen, wo vorher der Spiegelschrank gehangen hatte. Sie erneuerte den Teppich, entfernte die Tapete, strich die Wände in einem glänzenden Weiß und kaufte neue rote Handtücher. Außerdem brachte sie drei kleine Spotlampen an, um den Spiegel über dem Waschbecken auszuleuchten.

Einige Wochen später bot sich ihr »aus heiterem Himmel« eine wunderbare Gelegenheit. Sie bekam den Auftrag, einen Lehrplan für eine fortschrittliche Privatschule zu entwerfen und zu schreiben – ein Projekt, das für sie ebenso lukrativ wie spannend war. Während sie daran arbeitete, lernte sie Leute kennen, denen ihr Talent auffiel und die sie für ein anderes Erziehungsprojekt engagierten. Lee hatte ihre Nische gefunden, und ihr Ruf als Fachautorin war wiederhergestellt.

Zu viel des Guten

Sharon rief mich an, weil eine Freundin gemeint hatte, daß Feng Shui ihr einen Ausweg aus ihrem Dilemma zeigen könnte. Je berühmter sie wurde, desto unglücklicher wurde offensichtlich ihr Ehemann Al. Schließlich waren sie an einem Punkt angekommen, wo ihre mehr als zwanzigjährige Ehe ernsthaft bedroht schien. »Er sagt, wenn ich bei all meiner Berühmtheit wenigstens ordentlich Geld verdienen würde, wäre er glücklicher«, klagte Sharon bei unserem Treffen, bevor wir unseren Feng-Shui-Rundgang durch das Haus machten.

»Wodurch sind Sie so berühmt geworden?«, fragte ich.

»Kalifornische Küche«, antwortete sie. »Ich habe mehrere Kochbücher geschrieben und werde ständig zu irgendwelchen Signierstunden und Talkshows im Radio eingeladen. Außerdem halte ich hier in unserem Haus Kochkurse ab. Deshalb haben wir auch die Küche umgebaut.«

Meine Feng-Shui-Warnlampen gingen an. »Dann sollten wir jetzt einen Blick in diese Küche werfen«, schlug ich vor.

Wir gingen durch die geräumige Küche. Zweifellos war das vorher rechteckige Haus durch den Küchenumbau in der Zone für Ruhm und öffentliche Anerkennung erweitert worden, während die Zonen für Reichtum und Wohlstand bzw. Liebe und Partnerschaft dahinter zurückstanden, ohne daß sie durch eine reale oder symbolische Struktur angemessen repräsentiert worden wären.

Ich erklärte, was ich sah. Sharon sah sehr verärgert aus. »Ich wußte, daß wir eigentlich den hinteren Teil des Hauses vollständig hätten erweitern sollen, aber es schien keinen vernünftigen Grund dafür zu geben, und es wäre erheblich teurer geworden. So wie der Anbau jetzt steht, muß ich mich finanziell immer noch genauso nach der Decke strecken wie früher! Die Leute hören oder sehen mich irgendwo, und dann jammern sie mir die Ohren voll und wollen einen Preisnachlaß oder sogar kostenlos an meinen Kursen teilnehmen!«

»Ihr Haus fördert jetzt Ruhm und Anerkennung, aber nicht Ihre finanziellen Angelegenheiten, und die Leute reagieren entsprechend«, erklärte ich.

»Dieses Problem läßt sich aber leicht lösen. Sie und Ihr Mann müssen nur die beiden Zonen stärken, die bei der Erweiterung der Küche unberücksichtigt geblieben sind.«

Al kam zu uns, und wir diskutierten die möglichen Alternativen. Beiden gefiel sofort die Idee, in der Reichtums- und der Liebeszone die Böden zu zementieren und darüber jeweils eine Pergola zu errichten. Vom Küchenanbau führten bereits Terrassentüren hinaus auf den Rasen. Jetzt würden diese Türen statt dessen in die »Terrassenräume« führen. Die Laubendächer würden dem Ganzen eine strukturelle Festigkeit verleihen, Schatten spenden und als Gerüst für blühende Ranken dienen. Ich empfahl, in die Liebeszone zwei identische Ranken mit duftenden Blüten wie Jasmin zu setzen, die sich nach oben hin miteinander verflechten sollten. In die Reichtums-Zone würden purpurn oder rot blühende Ranken am besten passen.

Wir sahen uns den Rest des Hauses an. Im großen und ganzen war es ansprechend und ordentlich, und das Chi floß harmonisch von Raum zu Raum.

Das Eheschlafzimmer war vollständig in Blau gehalten, und die Möbel bestanden aus dunklem Holz. Dieser Raum der Ruhe und Intimität wurde vom Holz-Element beherrscht, und über allem lag eine spürbare Kühle. Ich schlug vor, einige warme Pastellfarben wie Pfirsich, Pink oder Apricot zu ergänzen, um das Metall- und das Feuer-Element zu stärken und so die Elemente im Zimmer auszugleichen. Sie könnten gleich mit neuer Bettwäsche und runden Sofakissen in warmen Farbtönen beginnen, um den Raum ein wenig aufzuwärmen, und sich dann überlegen, die Wände vielleicht ebenfalls in einem warmen Ton zu streichen.

Wir beendeten den Rundgang mit einem Blick auf die Gemälde, die im Wohnzimmer hingen. Zweifellos liebten beide ihre Bilder und erzählten mir gerne, unter welchen Umständen sie jedes einzelne erworben hatten. Als ich ging, sah ich, daß Al seinen Arm um Sharon gelegt hatte. Ein gutes Zeichen.

Maßnahmen und Ergebnisse

Al stürzte sich vehement in das Terrassenprojekt, so daß alles innerhalb eines Monats fertig war. Er und Sharon pflanzten ihre Ranken und stellten Topfpflanzen und schlichte Gartenmöbel auf die Terrassen. Kurz danach erlebte Al eine überraschende Wendung am Arbeitsplatz. Man bot ihm eine Beförderung an, die damit verbunden war, daß er sechs Monate in einer anderen Stadt arbeiten mußte. Während dieser Zeit sprach ich mit Sharon. Sie genoß die vorübergehende Abwesenheit ihres Mannes. »Er kommt fast jedes Wochenende nach Hause, und das ist

dann wie in den Flitterwochen. Seit Jahren war unser Liebesleben nicht mehr so gut. Während der Woche sind wir beide
beschäftigt.« Sharon plauderte immer weiter. »Ich kann jetzt
abends hier meine Kochkurse veranstalten, ohne ihn zu stören.
Das ist einfach phantastisch. Und ich habe unser Schlafzimmer
in ein Liebesnest fürs Wochenende verwandelt. Sie freuen sich
bestimmt, wenn ich Ihnen verrate, daß es fast kein Blau mehr
darin gibt, weder im wirklichen noch im übertragenen Sinn.«

Persönliche Verbesserungen
in der Zone für Ruhm und Anerkennung

Wählen Sie einen oder mehrere der folgenden Gegenstände,
um Ihre Zonen für Ruhm und Anerkennung individuell zu verbessern:

- Diplome, Auszeichnungen, Preise, Ehrenurkunden
- Dinge, die aus tierischem Material hergestellt sind, beispiels-
  weise Leder, Federn, Wolle und Knochen
- Poster, Gemälde, Kollagen, Fotos und Figuren von Tieren,
  Menschen, Feuer, Sonnenschein oder berühmten Men-
  schen, die Sie mögen
- Gegenstände aus dem roten Farbspektrum
- Dreieckige, konische oder pyramidenförmige Dinge
- Schönes Licht, einschließlich Sonnenlicht, Kerzen, elektri-
  schen Lampen und Öllampen
- Zitate, Affirmationen und Sprichwörter, die von Ruhm und
  Anerkennung handeln
- Dinge, die für Sie persönlich einen Bezug zu Ruhm und An-
  erkennung haben, beispielsweise Auszeichnungen, Diplome,
  Trophäen etc.

Affirmationen für Ruhm und Anerkennung

- Für die Arbeit, die ich leiste, werde ich von meinen Mitarbeiterinnen und Mitarbeitern in jeder Hinsicht anerkannt und respektiert.
- Für meine Leistungen erhalte ich von den Leuten in meiner Umgebung reichlich Unterstützung und Anerkennung.
- Meine Fähigkeiten, Talente und Leistungen verhelfen mir zu Ansehen und Respekt.
- Mein Ruf als ehrlicher, vertrauenswürdiger und hilfsbereiter Mensch wächst von Tag zu Tag.

Die Zone für Liebe und Partnerschaft

Ihre Bagua-Zone für Liebe und Partnerschaft befindet sich im rechten hinteren Teil des Raumes oder der Oberfläche, an der Sie arbeiten (vgl. die Bagua-Karte auf Seite 103).

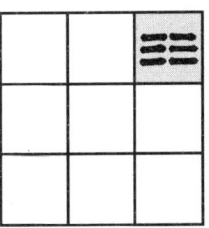

**Die Weisheit des I Ging
im Hinblick auf Liebe und Partnerschaft**

Liebe und Partnerschaft stehen unter der Herrschaft von Kun, dem Trigramm des I Ging, das übersetzt so viel wie »empfängliche Erde« bedeutet. Als das Trigramm, das am stärksten Yin oder gewährend ist, hat Kun einen Bezug zu Anpassungsfähigkeit, Hingabe und bedingungsloser Unterstützung – Eigenschaften, die wir in der wahren Liebe und in glücklichen Partnerschaften finden. Liebesbeziehungen gedeihen im Tanz des verantwortungsvollen Gewährens – jeder Partner gewährt dem anderen Unterstützung und erlaubt ihm, sich voll zu entwickeln und auszudrücken. Das I Ging lehrt, daß eine liebevolle Atmosphäre, die ein Segen für die Beziehung ist und deren Glück sichert, entsteht, wenn beide Partner sich gegenseitig unterstützen, vertrauen und dem jeweils anderen seinen/ihren Weg zugestehen.

Dieselbe förderliche, unterstützende Einstellung kann man auch einnehmen, wenn man sich selbst vorbehaltlos liebt. Nehmen Sie sich die Zeit, in sich hineinzuhorchen, was Sie brauchen, und erfüllen Sie dann Ihre Bedürfnisse, sei es nun ein heißes Bad, eine neue Ausbildung oder ein Camping-Wochenende im Wald. Auf diese Weise stehen Sie sich nicht mehr selbst im Weg und lassen sich bereitwillig von dem Menschen beschenken, mit dem Sie von der Geburt bis zum Tod aufs engste vertraut sind – Sie selbst.

Verbessern Sie Ihre Zonen für Liebe und Partnerschaft, wenn:
- Sie eine neue Beziehung eingehen wollen,
- Sie Ihre bestehende Partnerschaft verbessern wollen,
- Sie eine gesunde, glückliche Beziehung zu sich selbst entwikkeln oder weiter fördern wollen.

Geschichten über die Wirkung der Bagua-Zone für Liebe und Partnerschaft

Das Liebeslicht

Donna und Jay teilten das Haus und hatten beide dasselbe Problem. Sie schafften es offenbar nicht, einen Partner bzw. eine Partnerin zu finden.

»Ich habe herausgefunden, daß er verheiratet ist ...«

»Sie hat mir gesagt, sie sei verlobt ...«

156

»Er geht gleichzeitig mit drei anderen Frauen aus, und eine davon ist eine gute Freundin von mir!«

»Sie wartete auf ihren Freund, als wir uns kennenlernten …«

Ihre Geschichten von erfolglosen Verabredungen waren endlos.

Interessanterweise hatte Donna das Haus ursprünglich zusammen mit ihrem damaligen Mann gekauft. Sie hatten ein großes Schlafzimmer angebaut, und sich ein Jahr danach getrennt. Sie wußten nicht, daß sie durch den Anbau, der dem Haus eine L-Form gab, den Grundriß radikal verändert hatten – mit entsprechenden Auswirkungen auf die Bagua-Zonen. Die Zone für Liebe und Partnerschaft war in den hinteren Teil des Gartens verlegt worden, ohne daß es eine angemessene Struktur wie eine Veranda oder eine überdachte Terrasse zur Unterstützung gegeben hätte.

Donna wurde blaß, als ich ihr erklärte, in ihrem Haus fehle die Bagua-Zone für Liebe und Partnerschaft. »Sie glauben doch nicht etwa, das könnte der Grund sein, warum meine Ehe …« Sie sprach den Satz nicht zu Ende.

»Das könnte dazu beigetragen haben«, sagte ich. »Aber nun lassen Sie uns alles tun, was möglich ist, um diese Zone auszugleichen und zu stärken, und dann werden wir sehen, wie sich Ihr Liebesleben entwickelt.«

Maßnahmen und Ergebnisse

Donna hatte nicht genug Geld für größere Veränderungen. Deshalb beschloß sie, eine Außenleuchte in der Ecke anzubringen, bis zu der sich das Haus erstrecken würde, wenn es rechteckig wäre. Jay installierte die Lampe dort. Ich schlug den beiden vor,

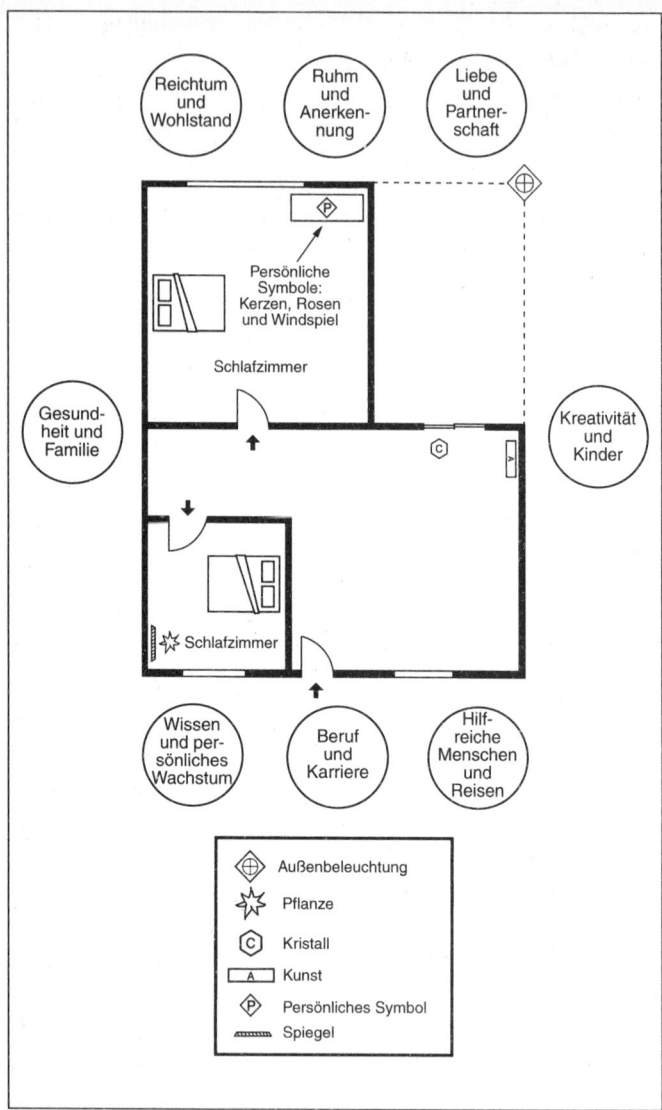

Reichtum und Wohlstand

Ruhm und Anerkennung

Liebe und Partnerschaft

Persönliche Symbole: Kerzen, Rosen und Windspiel

Schlafzimmer

Gesundheit und Familie

Kreativität und Kinder

Schlafzimmer

Wissen und persönliches Wachstum

Beruf und Karriere

Hilfreiche Menschen und Reisen

Außenbeleuchtung

Pflanze

Kristall

Kunst

Persönliches Symbol

Spiegel

das Licht stets brennen zu lassen, um das zusammengebroche-
ne Chi »aufzuhellen« und anzuheben.

Im Inneren des Hauses hing in der Liebes-Zone des Eßzimmers ein abstraktes Poster in Gelb- und Brauntönen, das einen
traurig aussehenden Mann darstellte. Ich fragte die beiden, ob
ihnen das Bild gefiel. Es gehörte Jay, und er hatte nie darüber
nachgedacht, ob es ihm gefiel oder nicht. Als er es nun genauer
ansah, wurde ihm klar, daß es ein Gefühl von Einsamkeit und
Traurigkeit vermittelte. »Das ist ein Teil meiner Vergangenheit,
aber es gehört sicher nicht in meine Zukunft!« Sehr zu Donnas
Erleichterung nahm er das Bild sofort von der Wand.

Ich schlug vor, diesen Bereich mit romantischen Bildern auszustatten, die ihnen beiden wirklich gefielen, und außerdem einen runden, geschliffenen Kristall in das nahegelegene östliche
Fenster zu hängen, um die Morgensonne einzufangen und das
Chi zirkulieren zu lassen.

Ich bat Donna und Jay, darüber nachzudenken, welche Gegenstände für sie jeweils Liebe und Partnerschaft symbolisierten. Zwei von Donnas Symbolen waren Kerzen und frische Blumen. Sie beschloß, in der Liebes-Zone ihres Schlafzimmers einen Tisch mit roten und pinkfarbenen Kerzen und frischen roten Rosen aufzustellen. Da sie immer den Klang von Windspie-
len geliebt hatte, wollte sie nun eines über ihren »Liebes-Tisch«
hängen, um das Chi hereinzurufen.

»Ich werde mir selbst jede Woche Rosen in meinen Lieblings-
farben kaufen, sogar nachdem ich die Liebe meines Lebens ken-
nengelernt habe«, sagte sie. Jay war sich nicht gleich sicher,
was für ihn Liebe symbolisierte. Er wirkte ein bißchen ratlos, so
daß wir ihm verschiedene Vorschläge machten, und er sagte, er

wolle darüber einige Minuten nachdenken. Währenddessen zeigte er mir sein Zimmer, in dem das totale Chaos herrschte. In der Liebes-Zone waren volle Kartons gestapelt und ließen das Zimmer wie einen Abstellraum wirken. Das einzige Möbelstück war ein Futon auf dem Boden, um den Papiere und Kleidungsstücke herumlagen. Offensichtlich brauchte Jays Zimmer mehr als nur ein oder zwei romantische Akzente. Wir entwarfen einen Generalplan, zu dem auch der Kauf einiger unentbehrlicher Möbelstücke und die Auswahl eines geeigneten Standortes für das Bett gehörten.

»Sie sollen von Ihrem Bett aus die Tür sehen, aber nicht direkt davorliegen, so wie es jetzt der Fall ist«, gab ich zu bedenken. »Beginnen Sie damit, Ihr Bett umzustellen, und nehmen Sie die Kartons aus der Zone für Liebe und Partnerschaft. Wenn Sie die entsprechende Inspiration haben, können Sie Ihre Liebes-Zone verbessern. Sie werden dann ganz genau wissen, was zu tun ist.«

Die beiden machten sich an die Arbeit, und innerhalb einer Woche war die Außenbeleuchtung installiert und erhellte draußen die Liebes-Zone. Jay schob seinen Futon an eine günstigere Stelle, trug die Kartons in die Garage und packte sie dort aus. Er hatte darüber nachgedacht, was für ihn Liebe und Romantik symbolisierte, und stieß schließlich auf ein vergessenes Erbstück, einen Spiegel in einem reichverzierten Rahmen, der seinen Großeltern gehört hatte. Sie waren sicher ein hervorragendes Beispiel für Liebe, denn ihre glückliche Ehe hatte mehr als 50 Jahre gehalten. Er hängte den Spiegel auf und stellte eine gesunde Palme dazu, die ihn an romantische Urlaubstage erinnerte. In der Zwischenzeit hatte Donna ihre Kerzen, Rosen und

Windspiele arrangiert und war auf der Suche nach dem perfekten Bild fürs Eßzimmer.

Acht Tage nach unserem Treffen meldete sich bei Donna ein attraktiver alleinstehender Mann, den sie drei Monate zuvor auf einer Party getroffen hatte. Er hatte ihre Telefonnummer nach dieser langen Zeit wiedergefunden und wollte wissen, ob sie am Samstag Lust auf einen Spaziergang am Strand hätte. Aber ja! Sie war so glücklich, daß sie nach draußen lief und um die Lampe tanzte, als wäre sie ein Maibaum. »Das Chi ist in Bewegung gekommen«, rief sie.

Jay brauchte nicht viel länger zu warten. Er traf beim Einkaufen eine alte Flamme, und das Feuer zwischen ihnen schien auf der Stelle neu aufzuflackern. Mit einem breiten Lächeln erzählt er die Geschichte, wie er von der Polizei verhört wurde, nachdem man ihn und seine neue/alte Liebe »schmusend« am Strand angetroffen hatte.

Und das war noch nicht alles. Einen Monat später interessierten sich mehrere Männer so nachdrücklich für Donna, daß sie beschloß, ihr »Liebeslicht« während des Tages auszuschalten. Jay war bei seiner Liebsten in festen Händen, und sie erwies sich als große Hilfe für ihn, als sie gemeinsam sein Schlafzimmer »fengshuisierten«.

Als ich kürzlich mit Donna sprach, erzählte sie mir, daß Jay und seine Freundin sich eine eigene Wohnung suchen wollten, und sie plante, mit ihrem Verlobten in einen anderen Staat zu ziehen. Wir beide kicherten, als sie mir erzählte, daß sie nie ein neues Bild ins Eßzimmer gehängt hatten. Sie hatten beschlossen, es sei besser, nicht noch mehr romantisches Chi ins Haus zu bringen.

Zeit für die Liebe

Jenny war von ihrem Liebesleben frustriert. »Meine Beziehungen sind einfach nicht von Dauer«, seufzte sie. »Ich bin schon wieder drauf und dran, dem Mann, mit dem ich ausgehe, zu sagen, daß ich ihn nicht mehr sehen will, weil es zwischen uns einfach nicht klappt.«

Jenny lebte in einer hübschen, zweigeschossigen Eigentumswohnung, die ein großes Wohnzimmer hatte, in dem eine schöne Mischung aus modernen und alten Möbeln stand. In der Zone für Liebe und Partnerschaft befand sich ein offener Kamin.

»Würden Sie sagen, daß Ihre Beziehungen wie Strohfeuer sind, die nicht lange halten?« fragte ich.

»Ja, so ähnlich«, antwortete sie. »Sie fangen meist ziemlich heftig an, kühlen sich dann ab, und ich verliere das Interesse …«

Ich betrachtete die Gegenstände, die Jenny auf den Kaminsims gestellt hatte. Es gab zwei identische Gestecke aus getrockneten Blumen, die recht hübsch waren. Sie standen wie Wächter an beiden Seiten. In der Mitte dominierte eine kaputte antike Uhr, die aus einem großen Stück schwarzem Marmor bestand.

»Wie lange funktioniert diese Uhr schon nicht mehr?« fragte ich.

»Oh, sie hat noch nie funktioniert, nicht einmal, nachdem der Uhrmacher dachte, er hätte sie repariert. Ich sage zwar immer, daß ich sie noch einmal zur Reparatur bringen muß, aber sie ist so schwer und unhandlich, daß ich es bisher noch nicht getan habe.«

Ich erklärte Jenny, daß der Kamin sich in ihrer Zone für Liebe und Partnerschaft befand, und dann bat ich sie, sich vor den Kaminsims zu stellen und mir zu sagen, was sie sah. Höhnisch meinte sie: »Ich sehe zwei Leute, die durch etwas getrennt sind, das nicht funktioniert. Ist das nicht einfach großartig!?«

Maßnahmen und Ergebnisse

Jenny marschierte zum Kaminsims und schob die Uhr mit großer Anstrengung auf die eine Seite. Dann nahm sie die Gestecke und stellte sie so nebeneinander, daß die Töpfe und die Blätter sich berührten. Sie trat zurück und betrachtete ihr Werk. »Super, das sieht schon ganz anders aus, aber nun muß die Uhr noch funktionieren«, sagte sie. Bevor ich ihr helfen konnte, hatte sie das schwere Stück vom Sims gewuchtet. In diesem Moment begann die Uhr zu schlagen. Jennys Gesicht war starr vor Staunen. »Sie hat noch nie funktioniert«, flüsterte sie, als die Uhr in ihren Armen weiterschlug. Sie stellte sie auf einen Tisch und starrte erst die Uhr an und dann mich. »Was hat das zu bedeuten?« fragte sie, während die Uhr immer noch weiterschlug.

»Was bedeutet es für Sie, Jenny?« fragte ich zurück.

Mit einer Gänsehaut am ganzen Körper und weit aufgerissenen Augen sagte sie: »Ich denke, es ist höchste Zeit, diese Uhr zu reparieren. Sie war ein Symbol für meine Beziehungen!«

Wir sahen uns den Rest der Wohnung an. Im Schlafzimmer stand ein Strauß Seidenblumen in der Liebeszone. Auffallend waren darin zwei Rosen, deren Köpfe in entgegengesetzte Richtungen zeigten. Als ich Jenny darauf aufmerksam machte, zog sie sie sofort heraus und wickelte sie so umeinander, daß sie sich mit den Blütenköpfen gegenseitig ansahen. Dann stellte sie sie in die Vase zurück. Ebenfalls im Schlafzimmer befanden sich zwei Teddybären, einer auf dem Bett und einer auf dem Stuhl. Ich schlug vor, die beiden zusammen in die Zone für Liebe und

Partnerschaft im Arbeitszimmer zu setzen, als schrullige Ergänzung zum Bücherregal. Im Schlafzimmer waren die Bären Symbole dafür, daß sie schon jemanden an ihrer Seite hatte und kein Platz für einen neuen Liebhaber blieb. Ich schlug außerdem vor, Jenny solle neue Bettwäsche in warmen hautfarbenen Tönen wie Pink, Pfirsich oder Apricot kaufen, um damit das Signal für einen neuen Anfang in ihrem Liebesleben zu setzen. Außerdem könnte sie Gegenstände wie Kerzen und Blumen an verschiedenen Stellen, vor allem in den Zonen für Liebe und Partnerschaft, paarweise aufstellen. Sie würden das Chi verbessern und eine äußere Bestätigung darstellen, die sie daran erinnern würde, daß die wahre Liebe nicht mehr weit war.

Wir untersuchten Jennys Arbeitszimmer. Auf ihrem Schreibtisch stand eine weitere alte Uhr, die nicht funktionierte – genau in der Zone für Liebe und Partnerschaft. Bei genauerem Hinsehen fanden wir unter dem Zifferblatt das Bild einer verloren wirkenden Frau.

»Das darf doch nicht wahr sein!« rief Jenny aus. »Noch eine kaputte Uhr, und sehen Sie sich diese Frau an. Sie erinnert mich an mich selbst!« Sie raffte die Uhr vom Tisch und versteckte sie hinter ihrem Rücken. Wir fingen beide an zu lachen.

»Vor den Feng-Shui-Augen bleibt nichts verborgen«, sagte ich.

Am nächsten Tag brachte Jenny ihre beiden Uhren zur Reparatur. Als sie wieder funktionierten, stellte sie die große schwarze in die Karriere-Zone ihres Arbeitszimmers. Sie ersetzte das Bild in der kleineren durch ein anderes Foto, das ein Paar zeigte, und stellte sie auf den Kaminsims. Außerdem schmückte sie den Sims noch mit einem Paar Kerzenhaltern aus Kristall und einem kleinen Ölgemälde, das Herzen darstellte.

Nachdem alles fertig war, beschloß Jenny, eine Party zu geben. Am Abend der Feier rief eine gute Freundin an und fragte, ob sie ihren Bruder Jason mitbringen dürfe. Und nun raten Sie, was passierte – Jason und Jenny verliebten sich auf der Stelle. Sein Kommentar dazu lautete: »Das war genau zur rechten Zeit. Ich dachte gerade darüber nach, wie gerne ich einen ganz besonderen Menschen treffen würde, und schon bist du da ...«

Wehret den Anfängen

Meg und David hatten erst vor einem knappen Jahr geheiratet. Als sich die Gelegenheit bot, ein Haus zu kaufen, hatten sie ihr winziges Apartment bereitwillig aufgegeben, obwohl das Haus stark renovierungsbedürftig war. Meg hegte die Befürchtung, das Haus habe »schlechtes Feng Shui«, weil der Vorbesitzer sich mehrmals hatte scheiden lassen, während er dort lebte. Sie bat mich um Rat und Hilfe.

Am Haus gab es tatsächlich viel in Ordnung zu bringen. Es hatte als einziges in der Nachbarschaft »keinen Garten«, weil nur die zähesten Unkräuter in dem stark kreidehaltigen Boden wuchsen. Die Garage war nach vorne hin angebaut, und der Grundriß schloß weder die Zone für Wissen und persönliches Wachstum noch die Zone für Liebe und Partnerschaft ein. Wir waren uns einig, daß hier viel getan werden mußte, um das Chi auszugleichen und zu verbessern.

Maßnahmen und Ergebnisse

Wir sprachen ausführlich darüber, was mit den beiden fehlenden Zonen geschehen sollte. Die Zone für Wissen und persönliches Wachstum lag im Bereich der vorderen Terrasse und

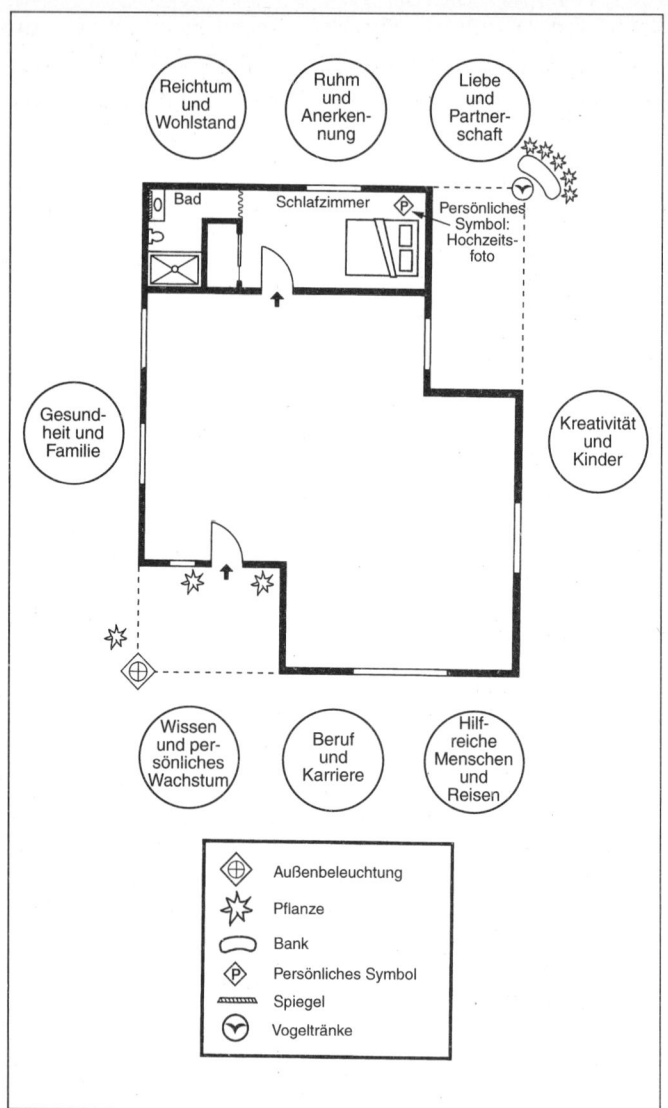

Reichtum und Wohlstand

Ruhm und Anerkennung

Liebe und Partnerschaft

Bad

Schlafzimmer

Persönliches Symbol: Hochzeitsfoto

Gesundheit und Familie

Kreativität und Kinder

Wissen und persönliches Wachstum

Beruf und Karriere

Hilfreiche Menschen und Reisen

Außenbeleuchtung	
Pflanze	
Bank	
Persönliches Symbol	
Spiegel	
Vogeltränke	

konnte in den Grundriß einbezogen werden, indem man die vorhandene Pergola erweiterte. Da die Vorderseite des Hauses mehr Licht brauchte, schlug ich Meg und David vor, als erstes eine Außenleuchte in der Ecke aufzustellen, um das Chi für Wissen und persönliches Wachstum zu »erleuchten«. Um die Lampe herum und in der Nähe der Tür würden Topfblumen mit hellen Blüten das träge Chi noch weiter beleben. Ich bat das Paar außerdem, alle abgestorbenen Pflanzen aus dem Garten zu entfernen, auch wenn sie in absehbarer Zeit nicht vorhatten, irgend etwas anderes in die Beete zu setzen. Das würde den Prozeß der Erneuerung einleiten und das Chi verbessern, das sich dann über die wartende Erde und nicht über einen Pflanzenfriedhof bewegen würde.

Die Zone für Liebe und Partnerschaft lag ganz hinten in einem völlig leeren Teil des Grundstücks. Niemand würde freiwillig hier hingehen. Es gab keine Fenster in diese Richtung, und der Bereich schien auch nicht zum Rest des Gartens zu gehören. Ich bat David und Meg, darüber nachzudenken, was sie gerne dort hinstellen würden, um dem Bereich Substanz, Struktur und eine romantische Bedeutung zu verleihen. David stellte sich sofort vor, daß sie sich hier auf eine Bank zurückziehen könnten, um miteinander zu reden und abends den Sonnenuntergang zu beobachten. Meg dachte an ein Biotop mit einer Vogeltränke. Plötzlich fiel David ein, daß er hier einen Rosengarten anlegen könnte, etwas, wovon er schon seit Jahren träumte, was er aber bisher in Ermangelung eines Gartens nicht hatte realisieren können.

Ich schlug vor, sie sollten sich nach einer großen Vogeltränke umsehen, die ihnen beiden gut gefiel, diese in der »fehlenden«

Ecke aufstellen, und sich von dort weiter ausbreiten. Je schöner das Fleckchen wurde, das sie gemeinsam gestalteten, desto besser!

Im Inneren des Hauses brauchte das Schlafzimmer einige Verbesserungen. Es gab nur einen Platz, wo das Bett stehen konnte, und von hier aus sah man ins Badezimmer. Meg blickte von ihrer Seite des Bettes aus durch die offene Ankleidezone in einen weit entfernten Spiegel über dem Waschbecken. David sah von seiner Seite aus direkt in eine verspiegelte Schranktür.

»Wenn das so bleibt, werden Sie nach einer gewissen Zeit wahrscheinlich nie mehr einer Meinung sein«, sagte ich.

»Das hat jetzt schon angefangen«, rief Meg. »Wir haben eben darüber gesprochen, daß wir uns seit dem Einzug hier viel häufiger streiten.«

Ich schlug vor, den offenen Eingang zum Bad mit einem Vorhang zu schließen und die verspiegelten Schranktüren entweder mit demselben Stoff zu verkleiden oder sie durch unverspiegelte Türen zu ersetzen, denn es gab im Bad verschiedene Spiegel, die sie benutzen konnten. Außerdem schlug ich vor, sie sollten ein persönliches Symbol für ihre Beziehung auswählen und es auf Megs Seite des Bettes in die Zone für Liebe und Partnerschaft stellen. Meg dachte dabei sofort an ihr schönstes Hochzeitsfoto. Perfekt.

Kurz nach unserem Treffen unternahm David eine Dienstreise nach Übersee und brachte von dort zwei Ballen cremefarbener Rohseide mit. Während er unterwegs war, hatte Meg die verspiegelten Schranktüren durch einfache aus Holz ersetzt. Als David zurückkam, nähten sie einfache Vorhänge und hängten sie vor den Eingang zum Ankleidebereich. Der Raum wurde dadurch viel behaglicher und einladender, und sie stellten fest, daß ihre Streitereien nachließen. David installierte eine helle Außenbeleuchtung in der Zone für Wissen und persönliches Wachstum und stellte die neue Vogeltränke und eine Bank in die Zone für Liebe und Partnerschaft.

Als es Frühjahr wurde, setzte David seinen Traum von einem Rosengarten in eine wunderschöne Realität um. Er legte die Beete in eincm sanften Bogen an, der »das Haus, die Bank und uns« umarmen sollte, wie er es ausdrückte. David und Meg behandelten die Feng-Shui-Probleme ihres Hauses in der Phase des Entstehens, und während sie ihr Haus noch weiter verbessern, genießen sie das harmonische Chi, das sie umgibt.

Persönliche Verbesserungen in der Zone für Liebe und Partnerschaft

Um Ihre Zone für Liebe und Partnerschaft zu verbessern, können Sie einen oder mehrere der folgenden Gegenstände wählen:

- Poster, Gemälde, Kollagen, Fotos und Figuren, die Ihren Partner bzw. Ihre Partnerin darstellen
- Figuren, die Paare darstellen wie Liebende, Paare von Tauben, Delphinen, Herzen etc., Liebessymbole
- Gegenstände in den Farben Rot, Pink und Weiß
- Zitate, Affirmationen und Sprichwörter, die sich auf Liebe und Partnerschaft beziehen
- Dinge, die für Sie persönlich einen Bezug zu Liebe und Partnerschaft haben, beispielsweise Erinnerungen an romantische Ferien oder Ihre Flitterwochen, Geschenke zum Hochzeitstag etc.

Affirmationen für Liebe und Partnerschaft

Wählen Sie aus der folgenden Liste Affirmationen, die Ihnen gefallen, schreiben Sie sie auf und hängen oder stellen Sie sie in die Zone für Liebe und Partnerschaft Ihres Hauses, Schlafzimmers oder Büros oder in eine andere Zone für Liebe und Partnerschaft, an der Sie gerade arbeiten. Sie können die hier aufgeführten Affirmationen auch als Muster verwenden, nach denen Sie Ihre eigenen formulieren.

- Ich ziehe Freude, Liebe und Intimität in mein Leben.
- Ich liebe, respektiere und ehre mich selbst.
- Ich bin ständig von Liebe umgeben.
- Ich liebe es, zu lieben und geliebt zu werden.
- Ich bin ein schöner Mensch voller Liebe und Freude.
- In unserer Partnerschaft erleben wir gemeinsam Freude, Leidenschaft und Ekstase im Überfluß.
- Mein Partner/meine Partnerin und ich sind im Geist, im Herzen und in der Seele miteinander verbunden, jetzt und für immer.

Die Zone für Kinder und Kreativität

Ihre Zone für Kinder und Kreativität liegt auf der rechten Seite des Raumes oder der Oberfläche, an der Sie arbeiten, in der Mitte zwischen den Zonen für hilfreiche Menschen und Reisen bzw. Liebe und Partnerschaft (vgl. Bagua-Karte auf Seite 103).

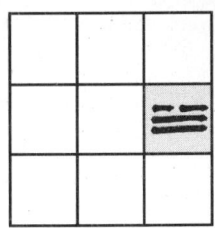

Die Weisheit des I Ging
im Hinblick auf Kinder und Kreativität

Das I-Ging-Trigramm Tui bedeutet »See der Freude« und hat einen Bezug zu Vergnügen, Großzügigkeit und Ermutigung. Die wesentliche Idee dieser Lehre besteht darin, daß wir selbst, indem wir andere ermutigen, sich vollständig auszudrücken, zu Erfolg und Freude finden. Eltern erleben manchmal diese energetisierende und fast magische Genugtuung, wenn sie ihre Kinder dazu ermutigen, durch kreativen Ausdruck zu lernen und zu wachsen. Dasselbe gilt auch für unsere eigene Kreativität. Wir brauchen viel Ermutigung und Bewunderung sowie eine spielerische »Leichtigkeit des Seins«, um unseren vollen kreativen Ausdruck zu entfalten und zur Blüte zu bringen. In jedem Fall ist das Aufblühen der Kreativität durch Freundlichkeit und Ermutigung eine Erfahrung voller Freude.

Verbessern Sie Ihre Zone für Kinder und Kreativität, wenn Sie

- schwanger werden wollen,
- generell kreativer werden wollen,
- mit einem kreativen Projekt beschäftigt sind,
- sich in Ihrer Kreativität blockiert fühlen,

- Eigenschaften des inneren Kindes in sich entdecken und entwickeln wollen,
- Ihre Beziehung zu Kindern verbessern wollen.

Geschichten über die Wirkung der Zone für Kreativität und Kinder

Platz für Kreativität

Bonnie war eine frustrierte Grafikerin. Sie hatte das gesamte Rüstzeug, aber nur ein winziges Zimmer für ihre Arbeit. Sie lebte allein in einem 200-Quadratmeter-Haus, das für ihre Bedürfnisse offenbar nicht gut geeignet war. Es hatte ein riesiges Wohnzimmer, ein Eßzimmer, das groß genug war, und ein kleines Arbeitszimmer, das sie gleichzeitig als Büro und als Atelier benutzte. Am Tag vor unserer Verabredung hatte sie sich nach Kräften bemüht, das Arbeitszimmer aufzuräumen. Dennoch war es vollgestopft mit Möbeln, Aktenschränken, Zeichentischen und Geräten. Was sie hier nicht mehr unterbringen konnte, füllte die halbe Garage und drohte mittlerweile auch die andere Hälfte zu verschlingen. Ich sah sofort, daß wir über die Nutzung der Räume sprechen mußten. Interessanterweise lag das große Wohnzimmer in der Zone für Kinder und Kreativität. Da Bonnie alleine lebte, wußte ich, daß sie ihr Haus so gestalten konnte, wie es ihr am besten paßte, selbst wenn das Ergebnis unkonventionell war.

Wir setzten uns hin und sprachen über ihren Lebensstil. Benutzte sie das Wohnzimmer, wenn sie Gäste hatte? Nein. Sie und ihre Freunde saßen meist den ganzen Abend um den Küchentisch herum. Brauchte sie ein förmliches Eßzimmer? Nein, sie benutzte es nur selten. Während wir miteinander sprachen, konnte ich sehen, daß sie mit ihren Gedanken anderswo war.

Ihr Gesicht wirkte grimmig und sie sah immer wieder zum Arbeitszimmer hinüber. »Was soll ich denn nur mit diesem Raum machen?« platzte sie heraus und wies mit dem Kopf zum Arbeitszimmer.

»Warum richten Sie darin nicht Ihr Wohnzimmer ein?« schlug ich vor.

»Mein Wohnzimmer – und was um Himmels willen soll ich mit dem richtigen Wohnzimmer machen?« fragte sie pikiert.

»Wie wäre es, wenn Sie das ›richtige Wohnzimmer‹ in Ihr Atelier und das ›richtige Eßzimmer‹ in Ihr Büro verwandeln würden«, empfahl ich ihr.

Bonnie sah verblüfft aus, während sie über diese Möglichkeit nachdachte. »Oh, warum habe ich daran bloß nie gedacht? Ich habe mich in die eine Hälfte dieses Hauses gezwängt und die andere Hälfte leer gelassen!«

Maßnahmen und Ergebnisse

Jc mehr Bonnie über die Idee, die Zimmer anders zu nutzen, nachdachte, desto aufgeregter wurde sie. Ich schlug vor, alle Zeichentische in die Mitte des Raumes zu stellen, wo sie reichlich Platz haben würde, um jeden Tisch herumzugehen. Es gab auch genügend Stellwände für ihre Regale mit Zeichenbedarf. Das bedeutete, daß sie alles, was sie zum Zeichnen brauchte, in einem geräumigen Zimmer unterbringen konnte und ihre große Garage nicht mehr zweckentfremden mußte. Sie war begeistert von der Idee, ihre Büromöbel, den Computer und die Akten vom kreativen Bereich zu trennen. Wir prüften all ihre Möbel, Geräte und Ausrüstungsgegenstände Stück für Stück und legten fest, wo sie nach der neuen Zimmeraufteilung hinkommen sollten.

Sie verschwendete keine Zeit und engagierte zwei Männer, die ihr beim Möbelrücken helfen sollten. Fünf Tage später blickte Bonnie sich um und sah ein verwandeltes Haus. Ihr neues Atelier war der Traum eines jeden Künstlers. Groß, luftig und sehr farbenfroh sah es aus wie die Kreativität persönlich. Ihr Büro war zweckmäßig eingerichtet, und sie hatte von dort aus einen schönen Blick in den Garten. Die größte Überraschung war für Bonnie jedoch das Arbeitszimmer. Sie hatte es nur als winzigen, frustrierenden Raum erlebt, der mit zu vielen Möbeln vollgestopft war. Plötzlich war daraus ein behagliches, ansprechendes Wohnzimmer geworden, wo sie sich abends entspannen und mit Freunden unterhalten konnte, die jetzt viel lieber hier saßen, als den ganzen Abend in der Küche zu verbringen.

Mit dem verbesserten Fluß von kreativem Chi im Haus stieg auch Bonnies persönliche Kreativität an. Neben ihrer Arbeit als Grafikerin versuchte sie sich im Malen und kreativen Schreiben. Sie lernte viel über ihre persönlichen kreativen Ausdrucksmöglichkeiten und entwickelte einen Kreativitätskursus. Bald unterrichtete sie in ihrem geräumigen Atelier Gruppen von Menschen, die ihre eigene Kreativität durch Zeichnen, Malen und Tagebuchschreiben ausloten wollten.

Heute leitet Bonnie viele Kreativitätskurse und vermittelt ihren Studenten Techniken, mit denen sie ihren kreativen Ausdruck spielerisch fördern können. Davon profitieren sogar Menschen, die sich in ihrer Kreativität seit ihrer Kindheit blockiert gefühlt haben. Bonnie eröffnet ihre Kurse, indem sie sagt: »Willkommen auf einem Spielplatz, der groß genug für uns alle ist. Hier gibt es genug Raum, in dem Ihre Kreativität blühen und gedeihen kann.«

Das Familienalbum

Vor dem Umzug in ihr neues Haus wollte Ellen eine Feng-Shui-Beratung haben. Das Haus war leer, und sie wollte wissen, wie sie ihre Möbel stellen sollte, um den lebendigen Fluß des Chi zu fördern und zu stärken.

Ihr Haus lag in einer Siedlung von ansprechenden Doppelhäusern. Die Straße führte an der Rückseite der Häuser entlang, von denen jedes eine bequeme Zufahrt zu einer Doppelgarage hatte. Das Ganze war so gedacht, daß man den Wagen in die Garage fahren und von dort aus durch eine Innentür ins Haus gelangen konnte. Den Vordereingang erreichte man nur auf einem Fußweg, der um das Haus herumführte und landschaftlich sehr schön gestaltet war. Ich fand die Anlage ebenso ansprechend wie ungewöhnlich. Besucher mußten etwa zwei Minuten zu Fuß gehen, um zur Haustür zu gelangen.

»Sollen die Leute um das Haus herum zum Vordereingang kommen?« fragte ich.

»Nein, ich habe mir überlegt, daß ich einfach das Garagentor offenlasse, wenn ich Besuch erwarte«, antwortete Ellen. »Warum?«

»Ihre Eingangstür ist für Ihr Haus der Mund des Chi, und wenn sie regelmäßig benutzt wird, nährt sie das ganze Haus«, sagte ich.

Wir sprachen darüber, daß sie und ihre Freunde würden umdenken müssen, damit sie die vordere Eingangstüre benutzten. Ellen erkannte, daß ihre Gäste einen kurzen Fußweg durch den Garten wohl genießen würden. Es wäre ein Augenblick der Entspannung und des Durchatmens zwischen Fahrt und Ankunft.

»Vielleicht stellen Sie eine große Vogeltränke in den Vorgar-

175

ten, die Tiere anlockt und das Wasser-Element vor dem Haus repräsentiert. Dadurch wird das Chi verbessert, und die Tränke bildet einen Mittelpunkt, wenn Sie vom Wohnzimmerfenster aus in den Garten sehen«, schlug ich vor. Das Innere des Hauses versprach sehr schön zu werden. In dem geräumigen Wohnzimmer wollte Ellen den größten Teil ihrer Sammlung von Ethnokunst ausstellen, während bequeme beigefarbene Couchen, farbenfrohe Teppiche und ein Klavier das Bild vervollständigen sollten. Es würde ein phantastischer Empfangsraum sein.

»Da wir gerade davon sprechen, das Chi zu verbessern«, sagte Ellen, »ich möchte hier mein kreatives Chi verbessern. Ich hoffe, Sie können mir helfen, im ersten Stock das richtige Zimmer für ein Atelier auszusuchen. Meine Kinder sind inzwischen erwachsen, und ich will wieder anfangen zu malen.«

»Sie machen einen guten Anfang, wenn Sie sich mit so vielen Kunstwerken umgeben, die Sie lieben«, sagte ich.

Wir gingen nach oben und hatten innerhalb von zwei Minuten das Atelier ausgesucht. Das Zimmer war geräumig mit einem Fenster nach Süden, das ausgezeichnetes Licht gab, und es lag direkt in der Zone für Kreativität und Kinder. Ellen war begeistert, daß der Raum so viel positives Chi hatte. Wir sprachen darüber, wie sie die Möbel aufstellen wollte. Ihr Schreibtisch würde schräg im Raum stehen, so daß sie sowohl die Tür als auch das Fenster sehen konnte, während sie den Schrank hinter sich hatte. Staffelei, Pinsel und Farben würden in der Nähe des Fensters stehen, wo sie gutes Licht hatte, und von dort würde sie auch die Tür sehen können. Wir konnten uns das alles schon genau vorstellen.

Unter ihrem Atelier lagen die Waschküche und der Zugang

von der Garage ins Haus. Hier brauchte das Chi wirklich einen Auftrieb. Die schwere Tür wurde von einer starken Feder gehalten, die sie für jeden, der hindurchging, zu einer Gefahr machte. Die Tür öffnete sich in einen schmalen Gang zwischen der Wand auf der einen und Waschmaschine und Trockner auf der anderen Seite. Der Schalter für das einzige Deckenlicht lag um die Ecke herum, und es gab keinen weiteren Schalter in der Nähe des Garageneingangs. Wir sprachen darüber, wie es sein würde, mit ein paar Einkaufstaschen in der Hand im Dunkeln mit der Tür zu kämpfen. Schlechtes Feng Shui!

»Dies ist ein wichtiger Teil des Hauses«, sagte ich. »Sie werden täglich hier durchgehen und hier auch Ihre Wäsche waschen. Außerdem hat dieser Bereich einen Bezug zu Kindern und Kreativität, einem Teil Ihres Lebens, mit dem Sie nicht kämpfen, sondern den Sie weiterentwickeln wollen. Ich würde vorschlagen, daß Sie die Feder von der Tür nehmen, die Beleuchtung verbessern und hier etwas Schönes aufhängen, das Sie jedesmal inspiriert, wenn Sie es ansehen.«

Ellens Augen blitzten auf, denn sie hatte plötzlich eine Idee. »Ich weiß, was ich hier hinhängen werde!« rief sie. »Ich mache daraus ein Familienalbum mit Fotos von meinen Kindern und Enkeln. Ich habe zentnerweise Fotos von ihnen, die ich liebe, und hier ist der perfekte Platz dafür.«

Maßnahmen und Ergebnisse

Ellen zog zwei Wochen später in ihr Haus. Ihre neue Vogeltränke gehörte zu den ersten Dingen, die sie in den Vorgarten stellte. Sie richtete ihr Atelier wie geplant ein und begann sofort, Skizzen vom Einzug zu machen – die Umzugshelfer beim Frühstück, eine Maske, die noch nicht aufgehängt war, der erste Vogel an der Tränke. Sie fühlte sich sofort zu Hause und kreativ inspiriert. Sie hatte die Feder von der Innentür zur Garage entfernen und Spotleuchten anbringen lassen. Dann begann der Spaß: Viele der Fotos von ihren Kindern und Enkeln hatte sie jahrelang weggepackt. Nun konnte sie sich austoben und all ihre Lieblingsbilder aufhängen. Als sie fertig war, hatte sie die Wände der Waschküche mit gerahmten Fotos bedeckt.

Als wir kürzlich miteinander sprachen, erzählte mir Ellen, sie sei glücklicher als je zuvor. Sie konnte sich als Malerin entfalten und machte begeistert Skizzen, wo sie ging und stand.

»Sie hätten sehen sollen, was mein Sohn für ein Gesicht gemacht hat, als er mein Familienalbum entdeckte«, sagte sie. »Er konnte es einfach nicht fassen, daß ich meine Fotos in die Waschküche gehängt hatte. Er empfand es als eine Beleidigung. Ich habe ihm dann erklärt, warum sie dort hängen und daß ich auf diese Weise die Möglichkeit habe, sie jeden Tag anzusehen. Jetzt macht er in seinem Haus dasselbe!«

Persönliche Verbesserungen in der Zone für Kinder und Kreativität

Wählen Sie von den unten aufgeführten Gegenständen einen oder mehrere aus, um Ihre individuelle Bagua-Zone für Kinder und Kreativität zu verbessern:

- Poster, Bilder, Kollagen, Fotos und Figuren von Kindern (von Kindern selbst gestaltet), die Ihre Kreativität in Wallung bringen
- Werkzeuge, die man in der Kunst und im Kunsthandwerk benutzt, und Baumaterialien

- absonderliche Dinge, Spielzeug und Stofftiere
- Gegenstände in Weiß oder Pastellfarben
- runde, ovale oder gebogene Gegenstände
- Dinge, die aus Metall bestehen – Messing, Stahl, Zinn, Silber, Gold, Aluminium, Kupfer etc. –, beispielsweise Möbel, Kerzenhalter, Bilderrahmen, Figuren, Schmuck und Lampen
- Zitate, Affirmationen und Sprichwörter, die sich auf Kinder und Kreativität beziehen
- Dinge, die für Sie persönlich einen Bezug zu Kindern und Kreativität haben, beispielsweise handgearbeitete Gegenstände, Erinnerungen an Ihre eigene Kindheit etc.

Affirmationen für Kinder und Kreativität

Wählen Sie aus der folgenden Liste Affirmationen, die Ihnen persönlich gefallen, schreiben Sie sie auf und stellen oder hängen Sie sie in die Zone für Kinder und Kreativität in Ihrem Haus, am Arbeitsplatz oder auf dem Tisch, an dem Sie künstlerisch arbeiten, oder in irgendeine Zone für Kinder und Kreativität, die Sie verbessern wollen. Sie können die hier aufgeführten Affirmationen auch als Muster für eigene Formulierungen verwenden.

- Ich drücke meine Kreativität mühelos und mit Vergnügen aus.
- Meine Kreativität fließt frei, wenn ich meine Individualität ausdrücke.
- Ich bin ein künstlerisch begabter, kreativer Mensch.
- Mein (inneres) Kind fühlt sich sicher und glücklich.
- Ich unterstütze mein (inneres) Kind mit Vergnügen bei der Entwicklung und beim Ausdruck seiner Kreativität.

- Während sich meine Bestimmung entfaltet, vertraue ich auf meine innere Weisheit, um meine Kreativität auf jede Weise auszudrücken, die mir entspricht.
- Voller Freude vertraue ich meinen kreativen Impulsen und gewähre mir selbst die Zeit und den Raum, sie auszudrücken.

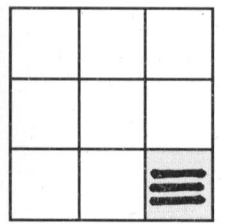

Die Zone für hilfreiche Menschen und Reisen

Ihre Bagua-Zone für hilfreiche Menschen und Reisen liegt im vorderen rechten Abschnitt des Grundrisses oder der Oberfläche, an der Sie arbeitcn (vgl. die Bagua-Karte auf Seite 103).

Die Weisheit des I Ging
im Hinblick auf hilfreiche Menschen und Reisen

Hilfreiche Menschen und Reisen haben einen Bezug zum I-Ging-Trigramm Chien, das in der Übersetzung »Himmel« bedeutet. Es ist von allen Trigrammen das aktivste und am stärksten Yang. Der Himmel symbolisiert Macht, Synchronizität, Inspiration und Zuversicht. Chien erinnert uns daran, daß wir unser Leben durch unser eigenes Handeln formen. Richtiges Handeln ergibt sich aus einer harmonischen Mischung und dem rechten Gebrauch von Intuition und Intellekt. Wir wissen, daß wir auf dem richtigen Weg sind, wenn wir Menschen als »Engel« und Orte als »Paradiese« empfinden. Durch die Synchronizität gelenkt, geben uns Menschen und Orte Inspiration und Führung, hinterlassen wohltuende Spuren auf unserem Lebensweg und

180

helfen uns, unsere Bestimmung zu erfüllen. Die meisten Menschen können viele Geschichten darüber erzählen, wie sich ihr Leben durch die Worte oder das Handeln eines Mentors, Kunden, Busfahrers, Angestellten oder auch eines völlig Fremden verbessert oder verändert hat. Durch die himmlische Erfahrung der Synchronizität berührt, befinden wir uns plötzlich zur rechten Zeit am rechten Ort oder treffen den richtigen Menschen genau im passenden Moment. In solchen Augenblicken spüren wir die himmlischen Kräfte in unserer Nähe und tun den nächsten Schritt leicht und mühelos.

Verbessern Sie Ihre Zonen für hilfreiche Menschen und Reisen, wenn Sie

- mehr Mentoren, Klienten, Kunden, Mitarbeiter, Kollegen – hilfreiche Menschen aller Art – anziehen wollen,
- allgemein gerne reisen oder ein bestimmtes Reiseziel haben,
- gerne enger mit einem spirituellen oder religiösen Glaubenssystem, dem oder den Wesen, von denen Sie Führung erbitten – den übergeordneten »hilfreichen Menschen« –, verbunden wären,
- einen Umzug in ein neues Haus oder an einen neuen Arbeitsplatz planen.

Geschichten über die Wirkung der Zone für hilfreiche Menschen und Reisen

Die Töpferscheibe als Glücksrad

Andrea hatte das Gefühl, in ihrem eigenen Erfolg zu ertrinken. Als bekannte Töpferin wurde sie mit Spezialaufträgen und Ausstellungsterminen überschüttet. Um so viele Waren herzustellen, wie sie brauchte, um ihre Aufträge zu erfüllen, hatte sie mehrere Mitarbeiter eingestellt, die ihr aber ständig Kopfschmerzen bereiteten. Einer von ihnen kam häufig zu spät, während die anderen dauernd beaufsichtigt werden mußten. Ihre Frustration wuchs, nachdem sie vor über einem Jahr ein Haus in einem anderen Bundesstaat gekauft hatte, der Umzug jedoch infolge zahlreicher streßbedingter Gesundheitsprobleme in unerreichbarer Ferne schien. Sie bat mich telefonisch um Hilfe.

Als ich zu Andreas Haus fuhr, fiel mir sofort auf, daß es eine L-Form hatte, wobei die Zone für hilfreiche Menschen und Reisen in der Mitte ihres kiesbedeckten Parkplatzes lag. Andrea begrüßte mich an der Tür und wir besichtigten das Haus, ihr Atelier, den großen Arbeitsbereich im Freien und den riesigen Brennofen. Während des Rundgangs entdeckte ich, daß zwei Badezimmer in der Gesundheits-Zone des Hauses lagen, von denen Andrea keines benutzte. Eins war ausschließlich für die Angestellten, und das andere wurde von niemandem genutzt.

Maßnahmen und Ergebnisse

Da Andrea in einigen Monaten umziehen wollte, suchten wir nach bereits vorhandenen Gegenständen, die sie in die fehlende Zone für hilfreiche Menschen und Reisen stellen konnte, um das Haus symbolisch zu vervollständigen. Sie hatte einen großen eingetopften Baum, den wir vorsichtig genau dorthin stellten, wo die Ecke des Hauses gewesen wäre, wenn man es zu einem Quadrat vervollständigt hätte. Um den Baum herum ordneten wir große Ziegelsteine und andere Pflanzen an, um dem Ganzen noch mehr Substanz zu geben. Dann prüften wir alle Zonen für hilfreiche Menschen in den einzelnen Zimmern. Ich achtete besonders auf den Bereich, wo ihre Angestellten arbeiteten. Es handelte sich eindeutig um eine Werkstatt mit staubigen Regalen und trocknenden Töpferwaren. Ich schlug vor, die Angestellten sollten die Zone für hilfreiche Menschen mit Symbolen ausstatten, die ihnen wichtig waren. Andrea stimmte bereitwillig zu. Ich forderte sie auf, darüber nachzudenken, wie sie mehr Chi in die Werkstatt bringen konnte. Sie beschloß, Fotos von ihren farbenprächtigen fertigen Töpferwaren vergrößern zu lassen und in die Zonen für Karriere, Reichtum, Kreativität und Anerkennung zu hängen. Das würde das Chi anheben und der Werkstatt die dringend benötigten Farbtupfer geben.

Um die Gesundheits-Zone zu verbessern, sprachen wir zunächst über einfache Veränderungen im Badezimmer der Angestellten. Ich schlug vor, dort eine gesunde Pflanze hinzustellen, einige schöne Poster aufzuhängen, den Toilettendeckel geschlossen zu halten, das Gerümpel unter dem Waschbecken zu entfernen und den Raum gründlich zu säubern. Dann sahen wir uns das unbenutzte Badezimmer an. Es war ein großer, sonniger Raum mit einer makellosen Badewanne und einem großen Schrank. Andrea hatte nie daran gedacht, es selbst zu benutzen, weil es nicht in der Nähe ihres Schlafzimmers lag. Sie hatte es einfach abgeschlossen. Ich schlug vor, sie solle ihr Gesundheits-Chi verbessern, indem sie den Raum in eine persönliche »Oase des Rückzugs« verwandelte, wo sie sich nach einem langen Tag entspannen und regenerieren konnte. Diese Idee gefiel ihr ausgezeichnet. Sie hatte für das Badezimmer in ihrem neuen Haus schon Accessoires gekauft und beschloß nun, sie auszupacken und sofort in ihrem Gesundheits-Bad zu benutzen.

In der Gesundheits-Zone des Schlafzimmers befand sich eine nackte Wand, an der Spuren zeigten, daß hier einmal ein Bild gehangen hatte. Der Platz schrie förmlich danach, hier wieder etwas Schönes aufzuhängen. Andrea fiel ein, daß sie dort eins ihrer Lieblingsbilder abgenommen hatte, als sie dachte, sie würde bald umziehen. Danach hatte sie es nicht wieder angebracht. Nun wollte sie das schöne Bild noch einmal aufhängen, damit sie es beim Aufwachen statt der nackten Wand betrachten konnte.

»Packen Sie Gegenstände, die Sie inspirieren, nicht zu früh ein«, warnte ich. »Dinge wie dieses Bild unterstützen Ihr Chi, und das ist in der Übergangszeit bei einem Umzug besonders wichtig.«

Ich schlug Andrea vor, sie solle in der Zone für hilfreiche Menschen und Reisen in ihrem Schlafzimmer einige Fotos ihres neuen Hauses aufhängen, um dem Umzug Energie zu verleihen. Sie nahm ein paar Fotos aus einer Schublade und hängte sie gleich auf. Ich riet ihr, ihren ersten offiziellen Umzugskarton zu packen, deutlich mit schwarzer Tinte ihre neue Adresse darauf zu schreiben und diesen Karton in ihrem Wohnzimmer in die Zone für hilfreiche Menschen und Reisen zu stellen. »Denken Sie sich einfach, es sei ein Kunstwerk«, sagte ich.

Vier Tage später rief Andrea mich an. Sie war etwas atemlos, als sie berichtete, was sich in den letzten paar Tagen ereignet hatte. Zwei Tage nach unserem Treffen hatte ein neuer Mitarbeiter buchstäblich vor der Tür gestanden und inzwischen zwei weitere Leute mitgebracht, die ebenfalls bereit waren, für sie zu arbeiten. Die vorhandenen Angestellten waren gerne auf Andreas Angebot eingegangen, ihren Arbeitsbereich individuell zu gestalten und hatten ihre persönlichen Symbole für hilfreiche Menschen mitgebracht. In der Werkstatt wurde die Zone für hilfreiche Menschen nun durch Bilder von der Gottesmutter, Jesus und verschiedenen Heiligen belebt. Andrea hatte einige farbige Poster ihrer fertigen Töpferwaren aufgehängt, und während sie noch auf weitere wartete, wirkte die Werkstatt bereits völlig verändert.

Andrea hatte beschlossen, im Badezimmer für die Angestellten mit dem Bagua zu experimentieren. Das Gerümpel lag in der Kreativitäts-Zone, und während sie es beseitigte, hatte sie dort Nester von Ameisen und Spinnen gefunden. Sie beseitigte auch diese, verschloß die Eingänge und stellte einen sonderbar bemalten Kasten davor, in dem sich Vorräte befanden. Sie stellte eine neue Pflanze in die Gesundheits-Zone, hängte ein Poster mit zwei Folklore-Tauben in die Liebeszone und ein Windspiel in die Reichtums-Zone. Sie hatte auch ihr »Gesundheits-Bad« eingerichtet und seitdem dort jeden Abend ein warmes Schaumbad genossen.

»Was soll ich nur mit all den Leuten machen, die für mich arbeiten wollen?« fragte sie. »Statt zu wenig habe ich jetzt zu viele Mitarbeiter.«

Meine Antwort lautete: »Andrea, lassen Sie sich von ihnen beim Packen helfen.«

Die Vordertür-Frau

Das Haus, das Amy gemietet hatte, schien beim Einzug so perfekt. Sie hatte reichlich Platz für ihr Geschäft, das sie von zu Hause aus betrieb, und auch noch für eine Mitbewohnerin. Das Problem war nur, daß sie bisher noch nicht die richtige gefunden hatte. Mehrere Leute waren kurzfristig eingezogen und dann wegen irgendwelcher Probleme wieder ausgezogen, so daß sich das Haus in einem ständigen Übergangszustand zu befinden schien. Amy war auch aufgefallen, daß sie mehr Schwierigkeiten mit ihren Klienten hatte. Ihre Außenstände wuchsen ebenso wie die Reklamationen, die sie als ungerechtfertigt empfand. Es war Zeit für Feng Shui.

Amys Haus hatte eine T-Form, wobei die Zonen für hilfreiche Menschen und Reisen bzw. Wissen und persönliches Wachstum fehlten. In der Zone für Wissen und persönliches Wachstum befanden sich bereits ein Teich, ein Wasserfall und ein Weg zur Hintertür. Dieser Bereich war gut gepflegt, und die Wasser-Anlagen fügten sich schön in das Grundstück ein. Die Zone für hilfreiche Menschen und Reisen war eine andere Sache. Sie bestand aus einem Pfad zum Vordereingang des Hauses, und der gesamte Bereich bedurfte dringend einer landschaftlichen Gestaltung. Es gab nur noch einige Fragmente vergangener Bemühungen, die einen traurigen, ungepflegten Eindruck hinterließen. Die Feng-Shui-Herausforderung bestand definitiv in diesem Bereich.

»Seltsam«, sagte Amy, »niemand benutzt den Vordereingang zum Haus. Deshalb habe ich ihn wahrscheinlich auch so sehr vernachlässigt.«

»Warum benutzen Sie ihn nicht?« fragte ich.

»Weil wir immer durch die Küche gehen und meine Klienten durch die Hintertür kommen, die direkt in mein Arbeitszimmer führt.«

Mir war sofort klar, daß wir mehr Chi durch den Haupteingang lenken mußten. Da niemand hier entlangging, hatte sich das strukturelle Ungleichgewicht in der Zone für hilfreiche Menschen verschärft. Amy und ich diskutierten mögliche Verbesserungen. Als erstes brauchte der Garten neues Leben. Au-

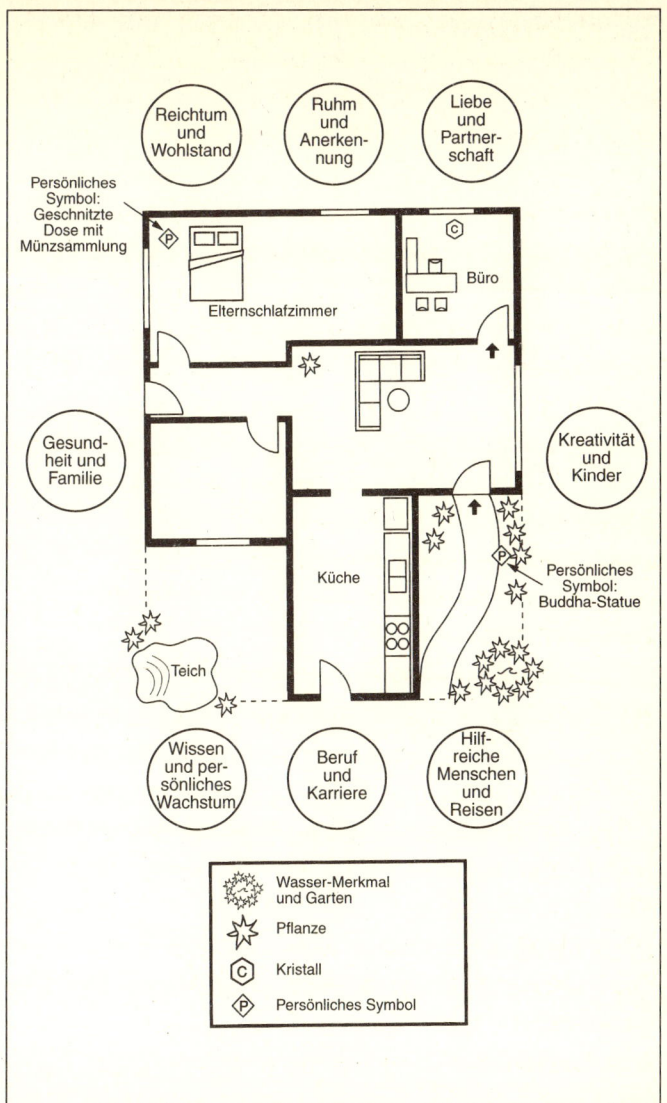

Reichtum und Wohlstand

Ruhm und Anerkennung

Liebe und Partnerschaft

Persönliches Symbol: Geschnitzte Dose mit Münzsammlung

Elternschlafzimmer

Büro

Gesundheit und Familie

Kreativität und Kinder

Persönliches Symbol: Buddha-Statue

Küche

Teich

Wissen und persönliches Wachstum

Beruf und Karriere

Hilfreiche Menschen und Reisen

Wasser-Merkmal und Garten

Pflanze

C   Kristall

P   Persönliches Symbol

ßerdem mußte sie die »fehlende« Ecke symbolisch durch eine Lampe, einen Fahnenmast, einen Baum oder einen Springbrunnen ergänzen. Am wichtigsten war jedoch, daß die Klienten durch die Vordertür hereinkamen und daß ihr Chi durch die Zone für hilfreiche Menschen und Reisen strömte und den Bereich aktivierte.

»Am besten benutzen Sie selbst ebenfalls den Vordereingang«, schlug ich vor. »Wenn Sie ständig durch die Küchentür gehen, lenkt das Ihre Aufmerksamkeit nur aufs Essen. Jedesmal, wenn Sie nach Hause kommen, denken Sie sofort ans Essen.«

Amy lachte. »Woher wissen Sie das? Wenn ich eine Feng-Shui-Diät mache, gehe ich also einfach nicht in die Küche, stimmt's?«

»Bei der Feng-Shui-Diät geht es darum, daß Sie das Haus nicht ständig durch die Küche betreten und verlassen«, antwortete ich.

Als wir die einzelnen Zimmer besichtigten, fiel mir auf, daß Amy ihr Haus mit Dingen gefüllt hatte, die sie liebte. Möblierung und Farbgestaltung waren sehr harmonisch. Allerdings hatte sie im geräumigen hinteren Teil des Hauses, der ursprünglich als Elternschlafzimmer gedacht gewesen war, ihr Büro eingerichtet. Ich konnte sehen, daß hier mehr Platz war, als sie brauchte, und das Zimmer lag in dem Teil des Hauses, der am stärksten Yin war. Ihr Schlafzimmer war ein kleiner Raum in der Nähe der Vordertür und lag damit in einem Bereich, der mehr Yang war.

»Überlegen Sie, ob Sie nicht aus dem gegenwärtigen Schlafzimmer das Büro und aus dem gegenwärtigen Büro das Schlafzimmer machen wollen. Im hinteren Teil des Hauses herrscht zuviel schläfriges Chi, was dazu führt, daß Ihre Klienten Sie als Geschäftsfrau nicht ernst genug nehmen.«

Maßnahmen und Ergebnisse

Eine Woche nach unserem Treffen hatte Amy draußen in der Zone für hilfreiche Menschen und Reisen einen wunderschönen Springbrunnen aufgestellt. Sie nahm sich die Zeit, ihren Garten für hilfreiche Menschen entlang dem Pfad zum Vordereingang des Hauses neu zu bepflanzen und zu verschönern, wozu neben dem Springbrunnen auch die Figur eines sitzenden Buddha beitrug. Aus dem ursprünglichen Elternschlafzimmer machte sie ihren persönlichen Rückzugsbereich. Da hier die Zone für Reichtum und Wohlstand lag, stellte sie eine schöne handgeschnitzte Dose mit ihrer Münzsammlung, die sie als ihren »Geldmagneten« bezeichnete, auf die Kommode.

Aus dem Raum, der näher zur Vordertür lag, wurde ein ansprechendes und professionell wirkendes Büro, in dem auch eine viel bessere Arbeitsatmosphäre herrschte. Amy hängte einen Kristall ins Fenster, der dafür sorgte, daß das Chi durch den Raum zirkulierte. Ihre Klienten wurden durch die Vordertür in das neue Büro geleitet, wo sie sich auf ihren Besprechungstermin konzentrierten und Amy für ihre Dienstleistung auch bezahlten.

Eine Woche, nachdem Amy den Springbrunnen aufgestellt hatte, wurde sie »aus heiterem Himmel« von einer Freundin angerufen, die erzählte, daß sie auf der Suche nach einer neuen Bleibe war. Ob Amy zufällig jemanden kannte, der nach einer Mitbewohnerin suchte? Kurz darauf war die Freundin glücklich eingezogen und verschönerte den Garten noch weiter durch ihr gestalterisches Geschick. Schließlich trugen auch Amys ständige Bemühungen, selbst den Vordereingang ins Haus zu benutzen, unerwartete Früchte. Sie stellte fest, daß sie sich weniger aufs Essen und mehr auf ihre Fitneß konzentrierte. Sie meldete sich für ein regelmäßiges Übungsprogramm an und stellte fest, daß es ihr wirklich Spaß machte.

»Alles scheint jetzt am richtigen Platz zu stehen«, bemerkte sie kürzlich. »Die Küche ist nicht länger der Haupteingang, der hintere Rückzugsbereich ist nicht länger der Ort, an dem Geschäfte gemacht werden, das Büro ist nicht länger im hinteren Teil des Hauses versteckt, und ich habe auch keine Probleme mehr mit Klienten und Mitbewohnern.«

Persönliche Verbesserungen in der Zone für hilfreiche Menschen und Reisen

Wählen Sie aus den nachfolgend aufgeführten Gegenständen einen oder mehrere, um selbst das Chi in Ihren Bagua-Zonen für hilfreiche Menschen und Reisen zu verbessern:

- Poster, Bilder, Kollagen, Fotos und Figuren von spirituellen Führern, Göttern, Göttinnen, Heiligen und Engeln
- Bilder von besonderen Orten, an die Sie gereist sind oder reisen möchten
- Gegenstände in den Farben Weiß, Grau und Schwarz
- Zitate, Affirmationen und Sprichwörter, die einen Bezug zu spiritueller Führung, hilfreichen Menschen und Reisen haben
- Gegenstände, die in einer starken Beziehung zu Ihren persönlichen spirituellen oder religiösen Überzeugungen stehen
- Bilder von hilfreichen Menschen wie Lehrer, Mentoren, Wohltäter, Klienten, Kunden und Mitarbeiter
- Bilder von Orten, die für Sie eine besondere Bedeutung haben

Affirmationen für hilfreiche Menschen und Reisen

Wählen Sie aus den folgenden Affirmationen eine, die Sie anspricht, schreiben Sie sie auf und stellen oder hängen Sie sie in die Zone für hilfreiche Menschen und Reisen in Ihrem Haus, am Arbeitsplatz, auf den Schreibtisch oder in irgendeine Zone für hilfreiche Menschen und Reisen, die Sie verbessern wollen. Sie können die hier aufgeführten Affirmationen auch als Muster für eigene Formulierungen verwenden.

- Ich ziehe in meinem Leben ständig hilfreiche, großzügige und liebevolle Menschen an.
- Ich werde von allen Menschen in meinem Leben unterstützt und geliebt.
- Ich bin in meinem Leben mit vielen hilfreichen Menschen gesegnet, und ich bin im Leben anderer ebenfalls ein hilfreicher Mensch.
- In meinem Leben ergeben sich ständig günstige Gelegenheiten und gute Bedingungen.
- Ich reise so oft ich will an die Orte, die ich besuchen möchte.
- Ich befinde mich zur rechten Zeit am richtigen Ort und treffe zur rechten Zeit die richtigen Leute.

Die Zone für Beruf und Karriere

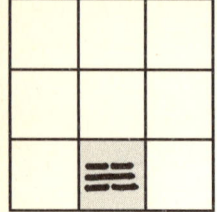 Ihre Karriere-Zone liegt im vorderen Teil des Grundrisses oder der Oberfläche, an der Sie arbeiten, in der Mitte zwischen den Zonen für Wissen und persönliches Wachstum bzw. hilfreiche Menschen und Reisen (vgl. die Bagua-Karte auf Seite 103).

Die Weisheit des I Ging
im Hinblick auf Beruf und Karriere

Das I-Ging-Trigramm Kan bedeutet »Tiefes Wasser« und hat einen Bezug zu Arbeit, Beruf und Karriere. Für viele von uns besteht die größte Herausforderung des Lebens darin, die Arbeit, die uns gefällt, zu entdecken und daraus unseren Beruf zu machen. Dabei handelt es sich oft um eine tiefgehende, mysteriöse Frage, die für viele Jahre oder sogar das ganze Leben lang unbeantwortet bleiben kann. Es ist zugleich eine Frage, die jederzeit in unserem Leben auftauchen und dazu führen kann, daß wir uns nach innen wenden, um über den nächsten Schritt nachzudenken. Das I Ging enthält die Anweisung, vollkommen aufrichtig und gewissenhaft vorzugehen. Es ist entscheidend, daß wir bereit sind, tief in uns hineinzuhorchen und die Wahrheit zu erkennen, selbst wenn die Antwort »ich weiß nicht« lautet. Unsere Aufrichtigkeit hilft uns auch, während unserer Suche Klarheit zu bewahren und in unserer Mitte zu bleiben. Unserer »Berufung zu folgen« kann zu den größten Herausforderungen des Lebens gehören. Wir brauchen dazu Zeit, die eigene Seele zu erkunden, Demut und Vertrauen in das Unbekannte.

Im I Ging heißt es, daß wir die Antwort auf unsere Fragen nach Beruf und Karriere nur finden, wenn wir unsere eigenen Tiefen ausloten und daraus voller Schwung wieder hervorkommen, bereit, unsere Energien auf unsere neuen Ziele zu richten. Verbessern Sie Ihre Zone für Beruf und Karriere, wenn Sie

- irgendwelche Veränderungen im Hinblick auf Beruf und Karriere vornehmen,
- Ihren Arbeitsplatz oder Ihre berufliche Laufbahn wechseln wollen,
- ehrenamtlich tätig werden wollen,
- von einem Arbeitsbereich in einen anderen wechseln.

Geschichten über die Wirkung der Zone für Beruf und Karriere

Evas Garten

Eva mußte zugeben, daß sie beruflich nicht erfolgreich war. Obwohl ihr Leben in jeder anderen Beziehung befriedigend verlief, hatte sie am Arbeitsplatz große Probleme. Vor sechs Jahren hatte sie als Mitarbeiterin einer Werbeagentur beachtliche Ergebnisse erzielt. Aber dann war es mit ihrer Effektivität ständig bergab gegangen. Zunächst machte sie ihren Vorgesetzten dafür verantwortlich, aber der langsame Abstieg ging auch weiter, als sie einen neuen Chef bekam. Sie wußte, daß sie ihre Arbeit gut beherrschte; was konnte also der Grund für die unerfreuliche Entwicklung sein? Eine Freundin empfahl ihr eine Feng-Shui-Beratung.

Eva lebte in der rechten Hälfte eines Doppelhauses. Als ich zu ihrer Seite des Hauses hinüberging, fiel mir auf, daß der Vorgarten sehr vernachlässigt und das Fliegengitter an der Eingangstür vom Rost orange gefärbt war. Der Vordereingang lag genau in der Karriere-Zone auf ihrer Seite des Hauses und war von den armseligen Resten eines ehemaligen Blumengartens umgeben. Ein paar Unkräuter kämpften auf dem ausgedörrten Boden ums Überleben, und rund um die zementierten Stufen, die zu Evas Haustür führten, war die Erde weggespült und man sah dunkle Risse und Ameisenhaufen. Rund um ihren Vordereingang gab es nichts Lebendiges oder Ansprechendes, und bevor ich an die Tür klopfte, fragte ich mich schon, ob diese Frau möglicherweise Karriereprobleme hätte.

Eva führte mich ins Haus. Hier drinnen war ich von Schönheit umgeben. Ihr Zuhause war ausgesprochen hübsch und mit Dingen ausgestattet, die sie liebte, einschließlich einer wunderbaren Keramiksammlung. Ich wußte, daß unsere Arbeit nicht im Inneren des Hauses, sondern draußen geleistet werden mußte.

Maßnahmen und Ergebnisse

Es überraschte mich nicht, daß Eva keine gute Gärtnerin war. Eigentlich wollte sie nicht einmal über den Garten reden, bis ich ihr klarmachte, welche Bedeutung er für ihre Karriere hatte. Mit großen Augen betrachtete sie das Unkraut und den nackten Schmutz. »Ich kann einfach nicht glauben, daß das irgend etwas mit meiner Karriere zu tun hat!« rief sie aus. Ich schlug ihr vor, es mit einigen einfachen Verbesserungen zu versuchen und dann abzuwarten, was geschehen würde. Als erstes sollte sie zwei große Töpfe mit roten Blumen wie beispielsweise Geranien an die Seiten der Treppe stellen, die zu ihrer Haustür führte. Sie würden jeden Ankömmling »begrüßen« und dabei helfen, das geschwächte Chi aufzubauen.

Als nächstes sollte sie das Unkraut aus den ehemaligen Blumenbeeten entfernen und dort Blumen pflanzen, die nicht viel Pflege brauchten. Außerdem sollte sie eine Vogeltränke aufstellen, die das Wasser-Element symbolisieren, Tiere anziehen und das Chi beleben würde. Drittens sollte sie um die Treppen herum die Erde mit Mulch bedecken, damit man die Risse nicht mehr sah und der Boden sich erholen konnte. Viertens sollte sie ihren »Mund des Chi« restaurieren, indem sie den Rost vom Fliegengitter entfernte und die Eingangstür in der Karrierefarbe Schwarz strich. Und fünftens sollte sie ein Windspiel oder eine Windmühle ihrer Wahl in der Nähe der Eingangstür anbringen, um positives Chi nach drinnen zu lenken. Sie erklärte sich bereit, diese Dinge zu tun, um ihre Karriere zu fördern. Drinnen zeigte ich ihr die Karriere-Zone in jedem Raum und machte ihr klar, daß die Dinge, die sich dort befanden, ebenfalls eine äußere Bestätigung für ihre beruflichen Ziele bildeten.

Zwei Wochen später rief Eva mich aufgeregt an. Sie mußte mir einfach erzählen, was passiert war! Pflichtbewußt hatte sie draußen alles erledigt, was ich ihr aufgetragen hatte. Sie hatte sogar noch einen Futterplatz für Kolibris aufgestellt. Und, du meine Güte, im Beruf begannen sich die Dinge zu ändern – radikal. Ihre Agentur hatte den Zuschlag für zwei Werbekonzepte bekommen, an denen sie über ein Jahr lang gearbeitet hatte. Sie konnte es kaum glauben. Aber das war noch nicht die beste Nachricht. »Ich habe gerade den größten Kunden in meiner ganzen beruflichen Laufbahn unter Vertrag genommen, und er ist zu mir gekommen!« sagte sie. »Ich mache mir nicht einmal mehr Gedanken über meine Fingernägel – ich nutze jede Gelegenheit, um im Garten zu arbeiten, und er sieht jetzt schon aus wie ein kleines Paradies. Ich habe beschlossen, für jeden neuen Klienten eine Blume zu pflanzen.«

Das war vor zwei Jahren, und Evas Karriere verläuft steiler als je zuvor. Wenn ihre Kollegen sie bitten, ihr Geheimnis zu verraten, beginnt sie ihre Erklärung mit der Frage: »Haben Sie schon einmal von Feng Shui gehört …?«

Donnas Tür

Dies ist eine meiner Lieblingsgeschichten, weil sie zeigt, wie mächtig das Bagua sein kann, ganz gleich, ob die Leute wissen, daß sie damit arbeiten, oder nicht.

Donna bekam von ihrer Mutter einen Gutschein für eine Feng-Shui-Beratung geschenkt. Als sie mich anrief, um einen Termin zu vereinbaren, fragte ich sie, ob sie dieses Geschenk wirklich annehmen wollte. Sie antwortete begeistert mit Ja!

Ihr Haus lag in einer Gegend, in der ich noch nie gewesen war. Langsam fuhr ich durch ihre Straße und nahm die Umgebung in mich auf. Es war eine ältere Siedlung, und der Zustand der Häuser reichte von ausgezeichnet bis jämmerlich. Ein Haus hob sich von allen anderen ab; sowohl das Gebäude selbst als auch der Garten waren vorbildlich, sehr einladend und zeugten von einer außergewöhnlichen Liebe zum Detail. Hier wohnte Donna. Ich parkte vor ihrem Haus und blieb dort einige Minuten stehen. Ich konnte sehen, daß sie nach vorne eine große Terrasse angelegt hatte, die zu einer neuen Haustür mit anschließendem Foyer führte. Der Anbau hatte das Bagua des Hauses stark verbessert, wobei die elegante neue Haustür in der Karriere-Zone lag. Der Anbau erstreckte sich zwar nicht über die gesamte Front des Hauses und sparte die Zone für Wissen und persönliches Wachstum aus, aber Donna hatte diesen Bereich mit vielen verschiedenen Blumen gestaltet und einen großen Baum exakt in die »fehlende« Ecke gepflanzt. Ich war beeindruckt.

Die erste Frage, die ich Donna stellte, lautete: »Hat es bei Ihnen kürzlich irgendwelche beruflichen Veränderungen gegeben?«

»Hat meine Mutter Ihnen davon erzählt?« fragte sie zurück. »Ich habe gerade eine phantastische Beförderung bekommen und werde jetzt genau das tun, was ich immer schon tun wollte. Darauf habe ich seit Jahren hingearbeitet, aber die Konkurrenz war riesig. Ich kann es immer noch nicht fassen, daß ich das Rennen gemacht habe.«

»Wann haben Sie denn den neuen Eingang gebaut?« fragte ich.

»Lassen Sie mich überlegen, die Sache hat drei Monate gedauert, und vor einem Monat war alles fertig. Ich kann mich so gut daran erinnern, weil ich gleichzeitig wegen meiner Beförderung ständig durch die Mangel gedreht wurde. Warum?«

Ich mußte lachen, weil diese Geschichte so perfekt war. Ich erklärte Donna, daß sie im Sinne des Feng Shui durch den Umbau des Hauseingangs ihr Karriere-Chi erheblich verbessert hatte. Während ich sprach, schüttelte sie immer wieder verwundert den Kopf: »Das wußte ich nicht … erstaunlich … ich hatte ja keine Ahnung!«

Wir sprachen über die Gestaltung des neuen Foyers, das offen und frei von Unordnung bleiben sollte. Statt beim Eintritt von einem überfüllten Garderobenständer begrüßt zu werden, sollte hier besser ein Glastisch mit dunklem Sockel stehen (symbolisiert das Wasser-Element), der einen Bezug zu Karriere hat, sowie ein oder zwei Stühle, was dem Foyer eine Atmosphäre des Willkommens verleihen würde. Die neue Gestaltung würde auch durch das ursprüngliche Außenfenster, das jetzt Teil des Foyers war, einen hübschen Blick ins Wohnzimmer freigeben. Hinter der Tür war noch reichlich Platz für den Garderobenständer, der dort günstig stand, aber beim Betreten des Hauses nicht sofort zu sehen war.

»Wenn Sie die Schwelle zum Hauseingang sauber und aufgeräumt halten, wissen Ihre Gäste, wie sehr Sie sie schätzen. Und in diesem Fall verbessert sich dadurch auch ständig Ihr Karriere-Chi«, sagte ich. »Sie werden Ihre neue Position mit einem klaren und offenen Geist und der nötigen Weitsicht antreten und genug Energie haben, um neue Gelegenheiten, die sich daraus vielleicht ergeben, mühelos zu nutzen.«

Persönliche Verbesserungen in der Zone für Beruf und Karriere

Wählen Sie aus der folgenden Liste einen oder mehrere Gegenstände, um Ihre Zonen für Beruf und Karriere individuell zu verbessern:

- Wassermerkmale wie Springbrunnen, Wasserfälle und Aquarien
- Poster, Bilder, Kollagen, Fotos und Kunstgegenstände, die Flüsse, Ozeane, Seen, Wasserfälle, Teiche etc. darstellen
- Karrierebilder und entsprechende Symbole
- Gegenstände in Schwarz und sehr dunklen Farben wie marine, dunkle Kastanie, schokoladenbraun und anthrazit
- unregelmäßig geformte Gegenstände
- Spiegel und Gegenstände aus Glas und Kristall

- Zitate, Affirmationen und Sprichwörter, die sich auf Beruf und Karriere beziehen
- Andere Dinge, die für Sie persönlich einen Bezug zu Beruf und Karriere haben

Affirmationen für Beruf und Karriere

Wählen Sie aus den folgenden Affirmationen eine, die Sie anspricht, schreiben Sie sie auf und stellen oder hängen Sie sie in die Zone für Beruf und Karriere in Ihrem Haus, am Arbeitsplatz, im Büro, auf dem Schreibtisch oder in irgendeine Zone für Beruf und Karriere, die Sie verbessern wollen. Sie können die hier aufgeführten Affirmationen auch als Muster für eigene Formulierungen verwenden.

- Meine Karriere ist erfüllend, anregend und lukrativ.
- Ich wachse und entfalte mich, indem ich meine Lebensaufgabe erfülle.
- Ich drücke den Sinn meines Lebens durch meine berufliche Arbeit aus.
- Ich drücke meine Kreativität, meine Freude und meine Begeisterung in meiner Arbeit aus.
- Ich ziehe viele günstige Gelegenheiten und Umstände an.
- Ich bin offen für Erkenntnisse und lebe meine wahre Berufung.

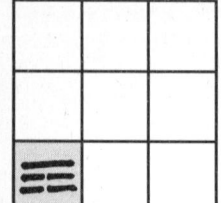

Die Zone für Wissen und persönliches Wachstum

Ihre Bagua-Zone für Wissen und persönliches Wachstum liegt im linken vorderen Bereich des Grundrisses oder der Oberfläche, an der Sie arbeiten (vgl. die Bagua-Karte auf Seite 103).

Die Weisheit des I Ging im Hinblick auf Wissen und persönliches Wachstum

Das I-Ging-Trigramm Ken bedeutet »Berg« und hat einen Bezug zu Wissen und persönlichem Wachstum. Diese Lehre geht davon aus, daß es eine direkte Verbindung zwischen einem ruhigen und einem intelligenten Geist gibt. Es ist ein mutiger Akt, den Geist auf neuerworbenes Wissen zu konzentrieren. Wir nehmen neue Erkenntnisse jedoch am besten auf, wenn wir gleichzeitig eine ruhige Geisteshaltung pflegen, indem wir eine Form regelmäßiger »innerer Besinnung« wie Meditation, Kontemplation und Introspektion praktizieren. Der Berg ist ein Symbol dafür, daß wir uns Zeit lassen müssen, die stillen Höhen unseres eigenen Innenlebens zu erklimmen, über unsere Erfahrungen nachzusinnen und zurückzukehren, wenn wir sie verarbeitet haben. Auf diese Weise kultivieren wir uns selbst. Wahrhaft wissend zu werden ist weit schwieriger als lediglich Informationen zu sammeln. Wissen gilt als Samen der Weisheit. Er wächst und gedeiht durch den nährenden Einfluß des Lernens und der Besinnung. Das I Ging erinnert uns daran, daß, wenn wir Zeit auf dem Berg verbringen, unsere Felder des Wissens fruchtbar und produktiv sein werden.

Verbessern Sie Ihre Zonen für Wissen und persönliches Wachstum, wenn Sie

- irgendwann im Leben irgend etwas lernen wollen,
- sich mit persönlichem Wachstum beschäftigen, eine Therapie machen oder sich beraten lassen,
- mehr Frieden in Ihren Geist oder Ihren Lebensstil bringen wollen.

Geschichten über die Wirkung der Zone für Wissen und persönliches Wachstum

Selbstbestimmung

Christine und ihre Tochter Angie lebten in einem phantastischen Haus mit Meerblick. Sie hatten alles, was man für Geld kaufen konnte. Warum also litt Angie unter Schlaflosigkeit? Und warum hatte sie während der letzten Monate in der Schule so nachgelassen? Vorher war sie immer ein intelligenter, gut angepaßter Teenager gewesen. Nun war sie blaß und lustlos und hielt sich von all den Schulprojekten fern, an denen sie früher so gerne teilgenommen hatte. Als besorgte Mutter hatte Christine sie beobachtet und war zu dem Schluß gekommen, daß sie keine Eßstörungen oder Drogenprobleme hatte. Der Hausarzt sprach von einer Entwicklungsphase. Christine war davon nicht überzeugt. Sie entschloß sich zu einer Feng-Shui-Beratung.

Christine zeigte mir das sonnendurchflutete Haus. Ich fragte sie, ob Angie erlaubt hatte, daß ich mir ihr Zimmer ansah – ein sehr wichtiger Bestandteil der Feng-Shui-Praxis. Christine versicherte mir, daß ihre Tochter damit einverstanden war.

Angies Zimmer war unverkennbar im »Teenager-Stil« gestaltet. Kürzlich hatte sie die Wände in einem intensiven Dunkelgrün gestrichen, bei dessen Anblick ich das Gefühl hatte, ich befände mich in einem dichten Wald oder es wäre dunkle Nacht. Außerdem hatte sie alle ihre Möbel umgestellt. Die Tür zu ihrem Zimmer lag auf der linken Seite in der Zone für Wissen und persönliches Wachstum. Dahinter befand sich ein Wäschekorb, so daß man die Tür nur zur Hälfte öffnen konnte. Ich fragte Christine, ob die Schlaflosigkeit und der Leistungsabfall mit den Veränderungen im Zimmer zeitlich zusammenfielen. Als sie darüber nachdachte, fiel ihr ein, daß Angies schlechte Stimmung kurz nach diesen Veränderungen aufgetreten war. Und im Laufe der Zeit war ihr Zustand immer schlimmer geworden. Plötzlich hätte Christine den Raum am liebsten auseinandergenommen, die Wände weiß gestrichen und die Möbel wieder an ihren alten Platz gestellt. »Ich kann es kaum glauben, daß Veränderungen in einem Zimmer solche Auswirkungen auf einen Menschen haben können!« rief sie.

Ich beruhigte sie und schlug vor, wir sollten uns den Raum genauer ansehen. Mir fielen die Punk-Rock-Poster auf, die in der Gesundheits-Zone direkt gegenüber dem Bett hingen. Die Skelette und blutigen Messer waren sicher furchterregend genug, um selbst mir den Schlaf zu rauben. Auch die dunkelgrünen Wände wurden von Minute zu Minute bedrückender, weil sie das Licht daran hinderten, den Raum zu erhellen.

Angie hatte ihren Schreibtisch in den hinteren Teil des Zimmers gerückt und der Stuhl stand so, daß sie die Tür im Rücken hatte. Auf dem Tisch stapelten sich Magazine, Schmuck, Gürtel und Schals, so daß kein Platz zum Arbeiten blieb.

»Kurz nachdem sie alles umgestellt hatte, war ihr Schreibtisch noch perfekt. Aber das hat sich bald geändert«, sagte Christine.

Maßnahmen und Ergebnisse

»Ihre Tochter muß den Veränderungen, die ich vorschlage, zu-
stimmen«, sagte ich, »sonst werden sie wahrscheinlich nicht
wirken.«

»Sie ist jetzt so unglücklich«, klagte Christine, »ich denke, sie
wird für Ihre Ideen sehr offen sein.«

Ich begann mit dem Vorschlag, Angies Wäschekorb in einen
der großen Schränke im Zimmer zu stellen, so daß man die Tür
vollständig öffnen konnte. »Dadurch wird sie sich für die günstigen Gelegenheiten in ihrem Leben vollkommen offen fühlen«,
erklärte ich.

Als nächstes mußten die dunkelgrünen Wände verändert werden. Ich schlug vor, sie mit einer pastellfarbenen Tapete zu
überkleben. »Angie kann sie selbst aussuchen, aber sorgen Sie
dafür, daß sie neutrale Pastellfarben ohne allzuviel Muster
nimmt. Möglicherweise kann sie die grüne Farbe hinter der pastellfarbenen Stuhlreihe so lassen und nur die Wand darüber
tapezieren. Das Grün ist zu dunkel und nimmt zu viel Fläche ein,
so daß jeder, der darin lebt, sich schwer und niedergedrückt
fühlt«, sagte ich.

Drittens ging es um die Poster. Sie stellten eine Art von Gewalt
dar, die Angie scheinbar gefiel. Hier gab es zwei Möglichkeiten:
Idealerweise würde sie die Poster durch andere ersetzen, die
beruhigend und inspirierend wirkten. Wenn sie dazu jedoch
nicht bereit war, sollte sie das Bett anders stellen, damit sie sie
vor dem Schlafengehen nicht mehr sah. Christine machte sofort
Pläne, mit Angie neue Poster zu kaufen. Ich bat sie zu bedenken,
daß Angie sich wahrscheinlich ähnliche Poster wie die jetzigen
aussuchen würde, solange sie nicht selbst zu wirklichen Verän-

derungen bereit war.»Sie warten besser, bis Ihre Tochter Ihnen signalisiert, daß sie selbst etwas Neues möchte«, sagte ich.

Viertens mußte der Schreibtisch so gestellt werden, daß er sich in der Nähe der Zimmertür in der Zone für Wissen und persönliches Wachstum befand. An diesem Platz wäre er das erste, was Angie sehen würde, wenn sie das Zimmer betrat, und dann würde sie vom Schreibtisch aus auch die Tür sehen können. Eine helle Schreibtischlampe war ebenfalls wichtig, und sie sollte ständig brennen, um das Chi anzuziehen und zu stärken, bis Angie wieder auf dem richtigen Weg war.

Die Sachen, die auf dem Schreibtisch lagen, führten mich zu den Schränken, in denen das totale Chaos herrschte. Wir sprachen darüber, wie die Schränke von innen mit vielen Schubladen und Haken für ihre extravaganten Kleidungsstücke so ausgestattet werden könnten, daß es Angie möglichst leicht fiel, darin Ordnung zu halten.

Mehrere Monate lang hörte ich nichts mehr von Christine. Eines Tages traf ich sie zufällig und fragte, wie es ihr und Angie ging.

»Einfach großartig«, sagte sie.»Wissen Sie, seit Sie damals bei uns waren, hat sich eine Menge gebessert.« Sie beschrieb, was in den letzten Monaten geschehen war. Angie hatte sich von den vielen Vorschlägen überwältigt gefühlt. Anfangs war sie nur bereit gewesen, ihren Wäschekorb und den Schreibtisch umzustellen. Christine hatte den Eindruck, daß Angie den Schreibtisch, sobald er in der Nähe der Tür stand, wieder für ihre Hausaufgaben benutzte. Dann stellte sie fest, daß Angie, nachdem sie ihr Bett von den Postern weggerückt hatte, viel besser schlief. »So blieb das Zimmer etwa zwei Monate lang, und ich dachte, sie hätte schon genug getan, weil sie mehr Energie hatte und auch wieder an den Aktivitäten in der Schule teilnahm«, sagte Christine. »Dann kam sie eines Tages zu mir und sagte, sie wolle auf die dunkelgrünen Wände mit einem Schwamm weiße Farbe auftragen wie eine ihrer Freundinnen es getan hatte.«

Angie und ihre Freundin verbrachten den größten Teil eines Wochenendes mit dieser Arbeit, und die Wirkung war verblüffend.

»Nach diesem Wochenende war Angie wirklich wieder sie selbst«, erinnerte sich Christine. »Sie steht wieder genauso unter Hochspannung wie früher. Ich denke, sie wird Schauspielerin werden!«

»Und was ist mit den Postern passiert?« fragte ich.

»Sie mußten beim Renovieren von der Wand genommen werden, und Angie hat sie nicht wieder aufgehängt. Im Augenblick ist sie verrückt nach Engeln, und die hängen jetzt überall im Zimmer.«

Vollgas im Leerlauf

Jenny wollte eine Feng-Shui-Beratung, weil sie plante, ihr Haus zu verschönern. Wenn sie nach einem langen Arbeitstag und der Abendschule heimkam, stellte sie sich oft vor, was sie in ihrem Haus verändern könnte. Da die meisten ihrer Pläne darauf hinausliefen, Wände abzureißen und die Zimmer zu vergrößern, war sie zu der Erkenntnis gekommen, daß sie professionellen Rat brauchte.

Schon nach unserem Telefonat wußte ich, daß Jenny ein Wirbelwind war, denn ich hatte während dieses Gesprächs keinen einzigen Satz beenden können. Ihre Gedankengänge kamen mir hektisch und chaotisch vor. Mein Interesse an ihrem Haus war geweckt.

Jennys Haus hatte eine rechteckige Form, wobei der Vordereingang in der Karriere-Zone lag und die Garage in der Zone für Wissen und persönliches Wachstum. Sie kam aus der Tür herausgeflogen, um mich zu begrüßen und führte mich dann eilig durchs Haus. Während des Rundgangs erklärte sie mir ihre zahlreichen Träume und Ideen, wie sie das Haus größer, besser, sonniger und schöner gestalten wollte. Der Rundgang endete plötzlich vor der inneren Tür zur Garage. Jenny drehte sich um und wollte mich ins Wohnzimmer zurückführen. Die Garage sei kein Thema, sagte sie.

»Aber sie ist ein Teil Ihres Hauses, Jenny, und im Feng Shui zählt jeder Teil«, erklärte ich ihr.

»Für mich zählt die Garage aber nicht«, konterte sie.

Ich schlug vor, wir sollten uns hinsetzen, um über die Feng-Shui-Prinzipien und die Bagua-Karte zu sprechen. Wenn sie danach immer noch nicht wollte, daß ich mir die Garage ansah, wäre ich damit einverstanden. Offensichtlich war sie darüber nicht glücklich, aber ich hatte das untrügliche Gefühl, daß die Garage das Hauptproblem darstellte. Ich erklärte ihr, das Chi in der Garage stehe in Verbindung mit dem Rest des Hauses, und just in der Garage sei ihr Chi für Wissen und persönliches Wachstum angesiedelt. Da sie gegenwärtig die Abendschule besuche, sei dies eine besonders wichtige Zone, die ich mir ansehen müsse. Sie war außergewöhnlich still, als sie diese unerwarteten Informationen verdaute. Eigentlich hatte sie mit ihrer Feng-Shui-Beratung nur herausfinden wollen, welche Wände sie versetzen sollte.

»Die Dinge, die Sie in Ihrer Garage haben, sprechen ständig mit Ihnen«, sagte ich. »Deshalb sollten Sie dafür sorgen, daß sie nette Dinge sagen.«

Jenny stöhnte. »Also, ich bin mir nicht sicher, ob wir da drin unsere eigenen Gedanken noch wiedererkennen, aber meinetwegen können Sie einen Blick hineinwerfen.«

In der Garage herrschte das absolute Chaos. Der Raum war eine Kollage aus Möbeln und anderen Dingen, die über- und untereinander vom Boden bis zur Decke gestapelt waren. Immerhin hatte Jenny es geschafft, eine Ecke für ihr Auto freizuhalten, aber den Gang von dort zum Haus konnte man kaum erkennen.

»Was soll ich sagen? Ich denke immer, irgendwann werde ich das Zeug brauchen können oder ich werde es verkaufen oder Freunden schenken«, erklärte Jenny. »Wollen Sie mir jetzt etwa erzählen, daß dieser ganze Kram sich auf meine Fähigkeit zu denken auswirkt?«

»Ja, auf Ihre Fähigkeit klar zu denken«, sagte ich. »Jedesmal, wenn Sie mit dem Auto hier hereinfahren, und jedesmal, wenn Sie auch nur an die Garage denken, wird Ihnen wahrscheinlich schwindlig.«

»Mensch, vielleicht fühle ich mich deshalb immer so rappelig«, überlegte sie. »Wenn ich daran denke, was ich alles tun muß, fühle ich mich jedesmal davon überwältigt. Ich komme nie zur Ruhe.«

»Dabei wollen Sie sich mit diesem Haus doch noch mehr Arbeit aufladen ...«, warf ich ein. »Am besten fangen Sie mit der Garage an. Wenn Sie hier saubermachen und aufräumen, wird sich wahrscheinlich Ihr ganzes Leben ändern. Dies ist Ihre erste Feng-Shui-Aufgabe: Veranstalten Sie einen großen Garagen-Verkauf, bringen Sie Ordnung in die Garage und lernen Sie irgendeine Art von Meditation oder eine andere Form der Selbstbesinnung. Ich bin sicher, daß Sie dadurch erheblich mehr geistige Klarheit und Ruhe gewinnen werden.«

Maßnahmen und Ergebnisse

Unser Gespräch hatte Jenny sehr nachdenklich gemacht. Warum hing sie an all diesen Dingen in ihrer Garage? Hatte sie wirklich das richtige Studium gewählt? Und warum war sie überhaupt immer so hektisch? Sie erkannte, daß sie tief im Inneren völlig erschöpft war und sich mehr Zeit für sich selbst nehmen mußte. Sie veranstaltete drei Garagenverkäufe, um ihr Gerümpel loszuwerden, und nahm damit ein schönes Stück Geld ein. Das verwendete sie, um Meditationstechniken zu lernen und die dringend benötigte Ruhe in einem Zufluchtsort in den Bergen zu finden. Als sie zurückkam, hatte sie beschlossen, ihr Studium fortzusetzen, aber sich mehr Zeit dabei zu lassen und nur noch einmal pro Woche die Abendschule zu besuchen.

Bei unserem letzten Gespräch stellte ich fest, daß ich alle meine Sätze beenden konnte und Jenny ruhig und entspannt war. »Was ist mit Ihren Plänen, das Haus zu vergrößern?« fragte ich.

»Ach, vergessen Sie es«, antwortete sie, »ich habe festgestellt, daß ich reichlich Platz für alles habe. Ich kann es kaum fassen, daß dieses gräßliche Durcheinander in der Garage wirklich etwas mit meiner Lebensfreude zu tun hatte, aber nachdem ich nun gründlich aufgeräumt habe, scheint es mir wirklich so, als sei dadurch alles besser geworden.«

Persönliche Verbesserungen in der Zone
für Wissen und persönliches Wachstum

Wählen Sie aus der folgenden Liste einen oder mehrere Gegenstände, um damit Ihre Zone für Wissen und persönliches Wachstum individuell zu verbessern:

- Bücher, Tonkassetten oder anderes Studienmaterial, mit dem Sie sich gegenwärtig beschäftigen
- Poster, Gemälde, Kollagen und Fotos von Bergen und stillen Orten sowie Bilder oder Figuren von Lehrern und anderen weisen Menschen, die für Ihre Meditation, Kontemplation oder innere Gelassenheit wichtig sind
- Gegenstände in den Farben Schwarz, Blau und Grün
- Zitate, Affirmationen und inspirierende Sprichwörter, die einen Bezug zu Wissen und persönlichem Wachstum haben
- Andere Gegenstände, die für Sie eine spezielle Beziehung zu Wissen und persönlichem Wachstum haben

Affirmationen für Wissen und persönliches Wachstum

Wählen Sie aus den folgenden Affirmationen eine, die Sie anspricht, schreiben Sie sie auf und stellen oder hängen Sie sie in die Zone für Wissen und persönliches Wachstum in Ihrem Büro, auf dem Schreibtisch oder einem anderen Bereich, den Sie verbessern wollen. Sie können die Affirmationen auch als Muster für eigene Formulierungen verwenden.

- Ich nehme Wissen und Informationen leicht und gerne auf.
- Ich habe Vertrauen in meinen Lernprozeß.
- Im Bewußtsein, daß ich ständig lerne und wachse, lasse ich mich entspannt auf jeden neuen Augenblick in meinem Leben ein.

- Ich empfinde Ruhe und Frieden, wenn ich mein Wissen mit anderen teile.
- Ich bin ein weiser und wissender Mensch.
- Ich weiß in jeder Situation, was ich zu tun und zu sagen habe.

Die Mitte der Bagua-Karte

Die Mitte der Bagua-Karte gilt als neutrale Zone, wo ein perfektes Gleichgewicht zwischen Yin und Yang herrscht, ein Platz des Friedens. Es gibt weder ein Trigramm noch einen einzelnen Aspekt des Lebens, der einen Bezug dazu hätte. Das Leben fließt und zirkuliert um die Mitte herum. Hier ist der vollkommene Ort für einen ruhigen Raum zur Meditation oder Kontemplation, ein Atrium oder ein Kunstwerk, das Sie daran erinnert, bei allem, was Sie tun, in Ihrer Mitte zu bleiben. Die Mitte des Bagua hat einen Bezug zum Element Erde und weist darauf hin, wie wichtig es ist, daß wir unser Leben auf eine solide Basis stellen. Die Mitte wird gestärkt, wenn wir unsere persönlichen Paradiese schaffen, in denen wir leben und arbeiten, und wenn wir ein Gefühl dafür entwickeln, wie wir in uns selbst geerdet und zentriert sind.

Das Erd-Element hat einen Bezug zur Farbe Gelb und zu allen Erdtönen. Es wird auch durch Quadrate oder Rechtecke symbolisiert. Wenn Sie an eine chinesische Münze denken, sehen Sie, daß die »Erde« als Quadrat in der Mitte aus der runden Form herausgeschnitten ist.

Kapitel 8

Grundlegende Werkzeuge des Feng Shui zur Verbesserung des Chi

Es gibt grundlegende Feng-Shui-Werkzeuge, die sich seit langer Zeit zur Behandlung, Stabilisierung, Verbesserung und Balancierung des Chi bewährt haben. Aus diesen Listen können Sie Gegenstände auswählen und mit ihnen Ihr Zuhause oder Ihren Arbeitsplatz generell verbessern oder sie in bestimmten Bagua-Zonen einsetzen.

> *Ich werde von Schönheit angezogen wie der Baum vom Licht oder das Tier vom Wasser. Sie ist Nahrung und eine Wirklichkeit, die jene Eigenschaften nicht ignoriert, welche man für häßlich hält, aber die wahre Natur der Dinge doch berührt.*
>
> Andy Goldsworthy

Damit Ihre Maßnahmen möglichst effektiv sind, sollten Sie darauf achten, daß Ihnen das, was Sie auswählen, auch wirklich gefällt und entspricht. Es gibt zahllose Kombinationen, die zu kreativen, schönen Ergebnissen führen. Lassen Sie Ihre Kreativität und Ihren Stil wirklich durchscheinen, wenn Sie Feng Shui praktizieren. Ihre Maßnahmen wirken dann am besten, wenn Ihnen das Ergebnis immer wieder persönlich gefällt. Die zehn grundlegenden Werkzeuge sind:

Farben

Farben umgeben uns ständig und haben eine starke Wirkung auf uns. Wir sind konditioniert durch die zahlreichen kulturellen, jahreszeitlichen und symbolischen Bedeutungen und Bezüge, die Farben haben. Im Westen ist Weiß beispielsweise eine Farbe, die einen Bezug zu Hochzeiten und Reinheit hat. In China dagegen wird Weiß meist mit Trauer und Tod in Verbindung gebracht. Rot ist die Farbe, mit der man im Westen oft auf Gefahren aufmerksam macht, während es in China die Farbe des Feierns und des Glücks ist. Schwarz ist unsere Farbe für Trauer und Tod, während man Schwarz in China mit Reichtum, Überfluß und günstigen Gelegenheiten in Verbindung bringt.

Im Feng Shui verwendet man Farben in erster Linie, um die fünf Elemente und die neun Bagua-Zonen zu präsentieren. Indem wir uns mit verschiedenen Farben umgeben, balancieren wir das gesamte Chi in unserer Umgebung. Wir können positive Veränderungen und Vitalität stimulieren, indem wir gezielt bestimmte Farben im Haus oder Büro einsetzen. Wenn Sie Farben im Feng Shui einsetzen, sollten Sie immer Töne wählen, die Ihnen gefallen. Die Farbe Rot reicht von Pink bis Burgund, Blau von Wasserblau bis Marine und so weiter. Nutzen Sie Farben wie jedes andere Mittel zur Verbesserung der Bagua-Zonen, als mächtiges Werkzeug, mit dem Sie Ihr persönliches Paradies schaffen können. Und wie immer gilt: Wenn Ihnen die spezifischen Bagua-Farben nicht gefallen, wählen Sie irgendeinen anderen Weg, um das Bagua zu verbessern oder die Elemente auszugleichen. Denken Sie bei den Farben in der Liste auf Seite 213 daran, daß jede Farbe viele Schattierungen hat.

Bagua-Zone	Element	Farben
Gesundheit und Familie	Holz	Blau und Grün
Reichtum und Wohlstand		Blau, Rot und Purpur
Ruhm und Anerkennung	Feuer	Rot
Liebe und Partnerschaft		Rot, Pink und Weiß
Kinder und Kreativität	Metall	Weiß und Pastellfarben
Hilfreiche Menschen und Reisen		Weiß, Grau und Schwarz
Beruf und Karriere	Wasser	Schwarz und dunkle Farben
Wissen und persönliches Wachstum		Schwarz, Blau und Grün
Mitte	Erde	Gelb und Erdtöne

In den Bagua-Zonen können Sie die Farben auf vielfältige Weise einsetzen. Vielleicht streichen Sie eine Wand in der Reichtums-Zone in lebhaften Pastelltönen von Lavendel, Blau oder Rot. Sie können auch Kunstwerke aller Art nach Farben auswählen, beispielsweise eine Rolle mit schwarzen Kalligraphien für die Karriere-Zone, eine Landschaft in Blau und Grün für die Gesundheits- und Familie-Zone oder eine pinkfarbene Alabasterskulptur von Liebenden für die Liebes- und Partnerschafts-Zone. Möbel und Polsterbezüge können farbige Bagua-Ergänzungen darstellen, beispielsweise ein grünes Bücherregal in der Wissens-Zone oder ein mit burgunderfarbenem Leder bezogener Lesesessel in der Zone für Ruhm und Anerkennung oder ein strahlend weißer Tisch in der Zone für Kinder und Kreativität.

Farben können subtil oder ausdrucksstark verwendet werden, um die fünf Elemente auszugleichen und zu fördern. Sie können bei der Arbeit mit den Elementen beispielsweise ausschließlich Farben einsetzen. Ein wasserblauer Teppich (Holz) mit mauve- oder pfirsichfarbenen Wänden (Feuer) und einer Decke in Erdtönen wie Taupe oder Beige (Erde) mit cremeweißen Möbeln (Metall) und schwarzen oder dunklen Accessoires (Wasser) sind Beispiele dafür, wie alle Elemente in einem Raum lediglich durch Farben repräsentiert werden können.

Alle Grundfarben können auch in einem ausdrucksstarken Teil zusammengefaßt werden. Sie können einen sehr neutralen Raum verändern, indem Sie ein ausgewähltes Stück hinzufügen, das farblich alle Elemente repräsentiert.

Spiegel

Spiegel aktivieren und verbessern das Chi und lassen es zirkulieren. Im Feng Shui korrigieren sie viele Probleme, indem sie Räume vergrößern, Lichtquellen verstärken, Schutz geben, das Chi in eine andere Richtung lenken, »unsichtbare« Wände sichtbar machen sowie Fenster und Aussichten verdoppeln. Auf Spiegel, die salopp als »Aspirin des Feng Shui« bezeichnet werden, verläßt man sich, wenn es darum geht, kleine Räume zu vergrößern und in zu engen oder architektonisch einseitigen Bereichen die Balance wieder herzustellen. Oft werden sie in Foyers benutzt, um den Leuten ein Gefühl von mehr Weite zu vermitteln, wenn sie das Gebäude betreten. Wenn zwei Wände in einem Zimmer unterschiedlich hoch sind, kann man an der niedrigeren Wand einen Spiegel anbringen, um die Höhenunterschiede optisch auszugleichen. Wenn Kanten in einen Raum ragen oder Treppen steil und gerade nach unten führen, bringt man Spiegel so an, daß sie diese strukturellen Mängel reflektieren und so dafür sorgen, daß das Chi wieder zirkuliert.

Als generelle Daumenregel für die Größe von Spiegeln gilt: »Je größer, desto besser.« Wenn man eine ganze Wand verspiegelt, kommt es dadurch oft zu einer dynamischen, positiven Veränderung in einem Raum, die eine oder mehrere Bagua-Zonen verbessert. Ob groß oder klein, alle Spiegel sollten so hängen, daß beim Hineinsehen zumindest der gesamte Kopf reflektiert wird. Ihr Chi kann geschwächt werden, wenn der Spiegel Ihr Gesicht nicht vollständig abbildet oder wenn Sie sich bücken oder auf die Zehenspitzen stellen müssen, um sich im Spiegel zu sehen. Spiegel, die Gesichter verzerren oder zerschneiden wie beispielsweise Spiegelkacheln, mehrteilige, abgeschrägte Modelle, die sich überlappen, oder alte Spiegel mit blinden Stellen, sollte man meiden.

Spiegel haben einen Bezug zum Wasser-Element. Da Wasser Feuer kontrolliert, hängt man Spiegel oft über offene Kamine, um das feurige Chi durch Wasser auszugleichen.

Man kann Spiegel auch verwenden, um die Formen zu repräsentieren, die einen Bezug zu bestimmten Elementen oder Bagua-Zonen haben. Beispielsweise kann man einen runden oder ovalen Spiegel, der seiner Form nach dem Metall-Element entspricht, benutzen, um die Zone für Kreativität und Kinder zu verbessern. Man kann einen Spiegel auch in der Farbe oder mit dem Material rahmen, das zu der betreffenden Bagua-Zone gehört. Ein länglicher, rechteckiger, holzgerahmter Garderobenspiegel eignet sich beispielsweise hervorragend, um die Zone für Gesundheit und Familie zu verbessern. Spiegel können auch ein beruhigendes Gefühl von Sicherheit in einem Raum schaffen. Wenn man sie so anbringt, daß sie den Eingang reflektieren, können auch Menschen, die mit dem Rücken zur Tür sitzen, erkennen, wenn sich dort etwas bewegt.

Es gibt einige Stellen, an denen man besser keine Spiegel anbringen sollte. Wenn sie am Ende eines langen Ganges hängen, verdoppeln sie beispielsweise dessen Länge. Statt dessen sollte man die Spiegel besser gegenüber von Türen hängen, die sich zum Gang hin öffnen. Dadurch wirkt der Gang breiter und das Chi der Leute, die aus den Türen herauskommen, wird besser angepaßt. Spiegel gegenüber einem Bett können zu nervösen Störungen führen, besonders bei Menschen, die nachts aufstehen. Die reflektierten Bewegungen können jemanden im Halbschlaf erschrecken, weshalb man im Schlafzimmer besser auf Spiegel verzichtet. Denken Sie daran: Spiegel stimulieren das Chi, lassen es zirkulieren und können zuviel »wache« Energie in ein Schlafzimmer bringen. Und, ganz gleich wie groß und schön sie sind, Spiegel, die einander gegenüber hängen, schaffen Bilder, die scheinbar ins Unendliche reichen, was Menschen irritiert und das vitale Chi erschöpft.

Beleuchtung

Zur Beleuchtung gehören elektrische Lampen (Glühbirnen und Halogenleuchten), Öllampen, Kerzen und natürliches Sonnenlicht. Die Beleuchtung ist oft ein schneller und einfacher Weg, um mehr warmes und helles Chi in einen Bereich zu bringen, besonders wenn es dort vorher zu dunkel war. Man kann Leuchten und vor allem Deckenfluter auch benutzen, um eine niedrige Decke symbolisch anzuheben.

Draußen kann man Laternen einsetzen, um eine fehlende Bagua-Zone zu integrieren. Wenn man ein Grundstück hat, das am Fuß eines Hügels oder in einer Ebene liegt, kann man an allen vier Ecken des Hauses Lampen anbringen, um den Standort symbolisch anzuheben.

Wie auch bei anderen Feng-Shui-Maßnahmen kann man Lampen so auswählen, daß sie die Farben oder Elemente der betreffenden Bagua-Zone repräsentieren, beispielsweise eine rote Lampe in der Zone für Ruhm und Anerkennung oder grüne und blaue Kerzen in der Zone für Gesundheit und Familie.

Normale Neonröhren strahlen nur einen Teil des Lichtspektrums ab und schwächen dadurch das Chi des Raumes und der Menschen, die darin arbeiten oder leben. Es gibt zwar inzwischen Leuchtstoffröhren, die über das volle Lichtspektrum verfügen, so daß dieses Problem zu lösen wäre. Aber auch diese Art von Neonbeleuchtung flackert und schwächt das Chi der Menschen. Glühbirnen und Halogenlampen, die in einer oder mehreren Bagua-Zonen eingesetzt werden, sogar in Räumen mit Neonbeleuchtung, dienen einem doppelten Zweck – sie verbessern die Bagua-Zone und helfen generell beim Ausgleich der

Lichtverhältnisse. Neonlampen sollten nach Möglichkeit nicht längere Zeit direkt über Ihrem Kopf brennen.

Offene Kamine können eine wunderbare Quelle von Wärme und Licht sein und stellen mächtige Repräsentanten des Feuer-Elementes dar. Weil sie jedoch oft sehr groß sind, können sie zu feurig werden, und das Chi in ihrer Umgebung tatsächlich »verbrennen«. Um in der Nähe eines offenen Kamins die Balance herzustellen, können Sie

- stets Holzscheite in den Kamin legen, damit man den Eindruck von Feuer bekommt und einen schönen Blickfang hat;
- das Feuer-Element ausgleichen, indem Sie ein Wassersymbol in die Nähe des Kamins stellen. Das kann beispielsweise eine Schale mit Wasser sein, ein kleiner Brunnen, ein Spiegel, Glastüren vor dem Kamin oder Kristallschmuck;
- gesunde Pflanzen, frische Blumen oder eine kunstvolle Abschirmung vor den Kamin stellen, wenn er nicht benutzt wird;
- kreativ sein und in der Kaminöffnung Ihre eigene »Grotte« mit Kerzen, Steinen, Potpourris, Wasserschalen, Figuren, Räucherwerk etc. gestalten.

Kristalle

Runde, geschliffene Kristalle benutzt man im Feng Shui, um einen zu langsamen oder zu schnellen Fluß des Chi auszugleichen. Sie zerstreuen zu schnelles und aktivieren träges Chi. Als Regulatoren können sie das Chi durch ein kleines Fenster hereinziehen und zirkulieren lassen oder das rasch über eine Treppe oder durch einen Gang schießende Chi aufhalten und wieder kreisen lassen. Weil sie klein und kompakt sind, benutzt man sie oft, wenn es keinen Platz für andere Maßnahmen gibt, beispielsweise in engen Gängen oder winzigen Eingangsdielen. Wenn sie in der richtigen Höhe von der Decke herabhängen, erfüllen sie ihre Aufgabe unauffällig, was in einem westlichen Haushalt oder Büro sehr wohltuend sein kann. Obwohl sie so klein sind, können Kristalle das Chi kraftvoll lenken, und man kann sie einsetzen, um eine Bagua-Zone dauerhaft zu verbessern oder strukturelle Defizite auszugleichen.

Die Form des klassischen geschliffenen Feng-Shui-Kristalls ist rund, damit das Chi vollständig in dem betreffenden Bereich zirkulieren kann. Wie groß der Kristall sein muß, hängt von der Größe des Raumes ab, in dem er hängen soll. Er sollte jedoch nicht zu groß sein, damit er nicht bedrohlich wirkt, wenn man darunter steht. In den meisten Fällen wird ein Durchmesser von drei bis vier Zentimetern ausreichen.

Andere Formen wie beispielsweise geschliffene Oktagone, Herzen und Regentropfen sind wunderbare Chi-Verbesserer, wenn sie in der Nähe des Fensters hängen, um die Sonne einzufangen und Regenbogen um sich zu verbreiten. Regenbogen beleben und heben meist das Chi der Leute und sind eine ausgezeichnete Möglichkeit, die Farben aller Elemente darzustellen. Geschliffene Kristalle haben einen besonderen Bezug zum Wasser-Element und können verwendet werden, um vom Feuer-Element dominierte Bereiche wie beispielsweise sehr sonnige Fenster zu balancieren.

Klangkörper

Harmonische Klangkörper wie Windspiele, Glocken und Musikinstrumente »rufen« gutes Chi herein. In jeder beliebigen Bagua-Zone wie beispielsweise der Zone für Karriere, Liebe oder Kreativität können sie durch ihren ansprechenden Klang neue Chancen herbeirufen.

Wichtig ist, daß Sie die Klänge, die von diesen Gegenständen ausgehen, als vollkommen harmonisch empfinden. Windspiele zum Beispiel können entweder himmlisch klingen oder Mißtöne von sich geben; deshalb sollten Sie beim Kauf darauf achten, Exemplare zu wählen, deren Klang Ihnen gefällt. Musikinstrumente können ebenfalls strategisch in einer Bagua-Zone plaziert werden, in der das Chi angepaßt werden muß. Bambusflöten dienen klassischerweise der Verbesserung von Bagua-Zonen; man hängt sie auf, um das Chi zu heben und zu lenken.

Harmonische Musik hat ebenfalls die Macht, das Chi in jeder Umgebung anzuheben. Wenn man im Büro oder zu Hause Streß hat, beruhigt und besänftigt die richtige Musik; es können aber auch elektronische Klänge sein, die an den Ozean, eine Wiese oder einen Wald denken lassen. Musik bringt außerdem zusätzliches positives Chi in jede Ihrer Bagua-Zonen. Stellen Sie fest, welche Art von Musik romantische, kreative oder wegweisende Gedanken und Gefühle in Ihnen weckt, und setzen Sie sie zur Verbesserung der Bagua-Zonen ein, an denen Sie arbeiten.

Lebewesen

In diese Kategorie gehört alles, was ständiger, regelmäßiger Fürsorge bedarf, beispielsweise Pflanzen, Blumen, Haustiere und freilebende Tiere.

Gesunde Pflanzen und frische Blumen sind mächtige Träger von positivem Chi. Im Feng Shui kann man sie in jeder Bagua-Zone mit großem Erfolg einsetzen. Blühende Pflanzen und Schnittblumen kann man im Hinblick auf die Bagua-Farben auswählen, ebenso die Vasen und Töpfe, in denen sie stehen. Beispielsweise kann eine violette Gloxinie in einem blauen Keramiktopf die Reichtums-Zone beleben, rote Nelken in einer roten Glasvase können die Zone für Ruhm und Anerkennung verbessern, und ein weißes Alpenveilchen in einem weißen Korb kann die Zone für Kreativität und Kinder aufbauen.

Bei der Auswahl von Pflanzen sollten sie darauf achten, daß die Blätter groß, gerundet und »freundlich« sind wie bei Veilchen oder Begonien bzw. daß sie generell weich und anmutig wirken wie beim Ficus und den meisten Palmen. Pflanzen mit bedrohlich scharfen oder spitzen Blättern werden zur Verbesserung der Bagua-Zonen nicht empfohlen. Dazu gehören beispielsweise Yuccas und Sagopalmen. Solche Pflanzen sind leicht zu erkennen, weil sie »beißen«, wenn man ihre Spitzen berührt.

Achten Sie darauf, daß jede Pflanze an ihrem Standort das Licht bekommt, das sie braucht. Generell werden stachelige Kakteen nicht empfohlen, es sei denn, Sie haben persönlich eine positive Beziehung dazu, die mit einer Bagua-Zone im Zusammenhang steht.

Statt echter Pflanzen und Blumen kann man auch künstliche aus Seide und Plastik verwenden. Bei ungünstigen Lichtverhältnissen sind sie oft die beste Wahl. Wichtig ist in jedem Fall, daß sie gesund und üppig wirken. Ungesunde oder ungepflegte Pflanzen töten das Chi, gleich wo sie stehen. Sorgen Sie deshalb dafür, daß Ihre Bagua-Pflanzen gesund und glücklich sind. Das bedeutet verwelkte Blüten zu entfernen und kränkelnde oder von Schädlingen befallene Pflanzen auszusortieren. Bagua-Zonen sind keine Krankenhäuser für Pflanzen!

Draußen können Bäume und Gärten das Bagua bei Bedarf verbessern. So kann man beispielsweise in die »Ecke«, die ein L-förmiges Gebäude zum Quadrat vervollständigen würde, einen schönen Baum pflanzen. Eine entsprechende Landschaftsgestaltung um den Baum herum bringt noch mehr belebendes Chi in diesen Bereich. Man kann dazu Blumen und Pflanzen wählen, deren Farben und Formen einen Bezug zu der betreffenden Bagua-Zone haben, beispielsweise pinkfarbene Rosen für die Liebes-Zone oder rotblühendes Springkraut für die Reichtums-Zone. Ihr Bagua-Garten kann eine Leinwand sein, auf der Sie »mit Pflanzen malen« und ein einzigartiges und dynamisches Meisterwerk schaffen, das Sie jedesmal, wenn Sie es ansehen, mit Schönheit und Energie nährt.

Pflanzen und Blumen sind Symbole des Holz-Elementes, und so kann man sie benutzen, wenn man eine Umgebung ausgleichen will, die vom Erd-Element beherrscht wird, beispielsweise ein quadratisches Haus mit quadratischen oder rechteckigen Fenstern, Türen und Möbeln. Viele unserer westlichen Gebäude entsprechen diesem Muster.

Haustiere brauchen genau wie Pflanzen und Menschen liebevolle Fürsorge und belohnen uns dafür mit ihrer Vitalität und Persönlichkeit. Selbst ältere Haustiere, die geliebt und umsorgt werden, verbessern weiterhin das Chi. Tiere, für die nicht gut gesorgt wird, schwächen das Chi in ihrer Umgebung jedoch dramatisch. Achten Sie darauf, daß alle Tiere ihre Bedürfnisse erfüllt bekommen, auch der Hamster der Kinder, die Fische im Büro und die jungen Kätzchen. Wir können auch mehr vitales Chi anziehen, wenn wir die Vögel draußen oder bei Bedarf auch andere freilebende Tiere füttern. Ein Biotop für freilebende Tiere bietet eine wunderbare Möglichkeit, eine außerhalb des Hauses liegende Bagua-Zone zu verbessern. Ein schlichtes Futterhäuschen für Vögel im Fenster einer Stadtwohnung kann uns die Natur mit all ihrem nährenden Chi so nahebringen, daß wir sie jeden Tag genießen können.

Alle Tiere, ob freilebend oder zahm, haben immer einen Bezug zum Feuer-Element.

Dinge aus der Natur

Gegenstände aus der Natur sind Dinge, die keine aktive Fürsorge benötigen, beispielsweise Steine, Kiefernzapfen, getrocknete Blumen, Treibholz, Muscheln, Potpourris oder Räucherwerk. Wenn man ihnen eine persönliche Bedeutung verleiht, können solche Gegenstände das Chi im Haus oder im Büro stark verbessern. Eine schöne Muschel, die man während der Flitterwochen gefunden hat, paßt perfekt in eine Bagua-Zone für Liebe und Partnerschaft. Samenhülsen, die man während einer geschäftlichen Klausurtagung gesammelt hat, können eine blühende Karriere symbolisieren. Schöne Steine in allen Regenbogenfarben lassen uns in einer Kreativitäts-Zone immer wieder an künstlerischen Ausdruck denken.

Gegenstände aus der Natur wie Steine, Felsblöcke oder Holzstücke können auch Bestandteile eines Bagua-Arrangements außerhalb des Hauses sein. Wenn sie aufgrund ihrer Form, Größe und Zeichnung ausgewählt werden, gelten Steine und Felsblöcke in China oft als Kunstwerke, die genauso ausdrucksvoll sein können wie kompliziert geschnitzte Figuren. Sie gelten als hervorragende Speicher natürlicher Energie und geben der Bagua-Zone, in der sie liegen, eine kräftige Dosis von gutem Chi. Wenn Holzscheite, Treibholz und Zweige schön geformt sind, verbessern sie nicht nur das Chi, sondern regen auch unsere Vorstellungskraft an. Sie können entweder als hauptsächlicher Blickfang oder als Ergänzung zu anderen Gartenelementen in jede beliebige Bagua-Zone gelegt werden. Alle Gegenstände aus der Natur haben viele Gesichter. Wenn Sie mit ihnen arbeiten, wählen Sie den Standort so, daß ihre anregenden Eigenschaften hervorgehoben werden, als sollte ein kostbarer Stein eine angemessene Fassung erhalten.

Wasser-Merkmale

Wasser-Merkmale bewegen und stimulieren das Chi drinnen und draußen. Springbrunnen und Wasserfälle haben sowohl eine sichtbare als auch eine hörbare Komponente, wenn sich das Wasser bewegt und das Chi erfrischt, während sie gleichzeitig ein angenehmer Platz sind, um Augen und Ohren zu entspannen.

Regeln Sie den Klang so, daß er für Ihre Ohren »gerade richtig« ist, weil Springbrunnen, ganz gleich ob drinnen oder draußen, sonst dazu führen können, daß Sie häufiger die Toilette aufsuchen müssen.

Im Haus oder am Arbeitsplatz eignen sich Springbrunnen und Wasserfälle hervorragend, um das Chi in jeder beliebigen Bagua-Zone zu verbessern. Für besonders wirkungsvoll hält man sie in den Zonen für Reichtum und Karriere, weil das Element Wasser einen direkten Bezug zum Geldfluß hat. Ein Springbrunnen oder Wasserfall kann zum Mittelpunkt eines Innenraum-Biotops werden, wenn man um ihn herum Pflanzen, Steine und andere Gegenstände aus der Natur arrangiert.

Wasser-Merkmale eignen sich auch ausgezeichnet, um »fehlende« Bagua-Zonen auszugleichen und das Chi in der äußeren Umgebung Ihres Hauses oder Arbeitsplatzes zu verbessern. Zum »Auffüllen« stellt man sie dorthin, wo die Ecke oder Wand des Gebäudes sein sollte, das sie symbolisch vervollständigen, indem sie dafür sorgen, daß das lebendige Chi ständig fließt und zirkuliert. Um strukturelle Mängel auszugleichen, müssen Wasser-Merkmale eine beachtliche Größe haben und möglichst mit der Front zum Gebäude hin zeigen. Je größer das Haus ist, desto größer muß die Struktur sein, die den fehlenden Bereich vervollständigt. Wenn das Haus beispielsweise 200 Quadratmeter hat, muß der Brunnen mindestens 1,20 Meter hoch sein.

Jedes Wasser-Merkmal im Garten zieht freilebende Tiere an, wodurch das Chi noch stärker geweckt und belebt wird. Becken, Schalen, Teiche und Vogeltränken, die mit sauberem Wasser gefüllt werden, können das Chi verbessern, sofern sie die passende Größe haben.

Gegenstände, die sich im Wind bewegen

Ob leuchtend bunt und witzig oder mit ernsthaftem künstlerischem Anspruch – Gegenstände, die sich im Wind bewegen wie Mobiles, Windräder, Transparente, Flaggen und Wetterfahnen, heben und beleben das Chi. Im Inneren des Hauses benutzt man sie oft, um den Platz zu füllen, der durch große Räume und hohe Decken entsteht. So bildet beispielsweise ein Transparent in kräftigem Purpur, das von einer hohen Decke in der Reichtumszone herabhängt, einen zusätzlichen dreidimensionalen Blickpunkt und läßt Sie zugleich immer wieder an Wohlstand und Überfluß denken. Mobiles gibt es in vielen verschiedenen Größen und Materialien wie beispielsweise Kristall, Gegenständen aus der Natur, Metall, Papier und Glas. Ein Mobile aus Kristall, das in der Kreativitätszone hängt, symbolisiert neue Ideen und Anregungen. Ein Mobile aus Gegenständen, die in der Natur vorkommen, erinnert in der Gesundheitszone an das tiefe Gefühl des Wohlbefindens, das die Natur uns vermittelt. Ein künstlerisch gestaltetes Mobile, das Engel darstellt, erinnert uns in der Zone für hilfreiche Menschen an den Segen und die Synchronizitäten, die andere Menschen in unser Leben bringen.

Außerhalb des Hauses sorgen Gegenstände, die sich im Wind bewegen, dafür, daß das Chi ins Haus gelenkt wird und dort zirkuliert. Sie erregen Aufmerksamkeit, holen gutes Chi ins Geschäft oder ins Haus und können eine Gedächtnisstütze sein. Einen Fahnenmast kann man auch benutzen, um die fehlende Ecke eines Gebäudes zu markieren und dadurch symbolisch den Grundriß des Hauses zu vervollständigen. Die Flagge, die dort gehißt wird, sollte etwas repräsentieren, das Sie lieben –

Ihr Land, Ihre Farben, Ihr besonderes Interesse, Ihr Symbol oder Logo. Windräder und Transparente, die von der Veranda, vom Vordach oder einer Traufe herabhängen, heben das Chi und verbessern die Bagua-Zonen eines Gebäudes.

Kunstwerke

Alle Arten von Kunst wie Gemälde, Skulpturen, Kollagen und textile Kunstwerke haben eine starke Wirkung auf Menschen. Als generelle Daumenregel gilt, daß Kunst, die das Chi in verschiedenen Bagua-Zonen sichern und generell verbessern soll, positive Vorstellungen und Gefühle hervorrufen muß, die einen Bezug zu der betreffenden Zone haben sollten. So wirken romantische Kunstwerke beispielsweise am besten in der Liebes-Zone; Kunstwerke, die Kraft und Dynamik ausstrahlen, gehören in die Zonen für Karriere, Reichtum und Ruhm; Werke, die beruhigend wirken, haben einen Bezug zur Gesundheitszone; inspirierende Stücke passen gut in die Zonen für Wissen und persönliches Wachstum sowie für hilfreiche Menschen und Reisen; witzige, leuchtend bunte Kunstwerke verbessern die Zone für Kreativität und Kinder.

Wenn Sie Kunstwerke auswählen, mit denen Sie eine Bagua-Zone verbessern wollen, sollten Sie nach Stücken suchen, die Ihnen wirklich etwas »sagen«. Wenn das Werk für ein Zimmer bestimmt ist, das Sie mit anderen Menschen teilen, sollten Sie sicher sein, daß es diesen auch gefällt. Idealerweise sollte das Kunstwerk ganzheitliche Vorstellungen in angenehmen Farben darstellen und Ihnen jedesmal, wenn Sie es ansehen, positive

Energie spenden. Darstellungen von Gewalt, Grausamkeiten oder Unglück sind nicht zur Verbesserung des Bagua geeignet. Achten Sie besonders auf die Kunstwerke, die Sie gegenwärtig in den Bagua-Zonen haben, welche Sie verbessern wollen. Wenn dort etwas hängt oder steht, das Ihren Zielen und Wünschen nicht genau und auf positive Weise entspricht, sollten Sie es durch ein Stück ersetzen, das besser paßt.

In einem Fall entdeckte ein Paar, daß genau in der Liebes-Zone das Bild einer traurig aussehenden Frau hing, die alleine am Tisch saß. Das hauptsächliche Problem dieses Paares bestand darin, daß die Frau das Gefühl hatte, zu viel allein zu sein und darauf zu warten, daß ihr Mann von der Arbeit nach Hause kam. Denken Sie daran: Es ist besser, gar keine Kunst zu haben, als Dinge, die Ihr Herz nicht höher schlagen lassen.

Außerhalb des Hauses erden und stabilisieren Kunstwerke und Skulpturen das Chi durch ihr Gewicht und ihre Gegenwart. Je größer sie sind, desto größer ist ihre Kraft, das Chi um ein Haus herum zu balancieren. Abhängig von ihrer Größe und ihrem Standort können Kunstwerke und Skulpturen außerhalb des Hauses dem Betrachter eine starke Botschaft vermitteln. Ein ausgezeichnetes Beispiel dafür ist die Freiheitsstatue an der Einfahrt zum New Yorker Hafen, welche die Leute in einem neuen Leben willkommen heißt.

Denken Sie auch daran, Ihre eigenen Kunstwerke zu gestalten. Sie können Bilder Ihres idealen Partners, Ihrer Karriere, Familie, Gesundheit und Ihres Reichtums zu einer Kollage zusammenstellen. Wenn Sie das tun, sammeln Sie buchstäblich das Chi, um Ihr Leben zu verbessern. Zeichnen, malen, weben, bauen oder formen Sie Bilder, die Ihre Ideale symbolisieren.

Was ist die Farbe Ihrer öffentlichen Anerkennung? Welche Form hat Ihr Wissen? Welches Bild symbolisiert Ihre Karriere? Wenn Sie Ihre eigenen Kunstwerke gestalten, schlagen Sie eine sehr persönliche Saite an, um ein bestimmtes Ergebnis zu erzielen. Ihr Chi formt buchstäblich Ihr Kunstwerk, welches den Zweck verfolgt, Ihr Leben zu verbessern. Dieser Prozeß führt oft zu bemerkenswerten Resultaten.

Die spirituellen Symbole, die für Sie persönlich von Bedeutung sind, strahlen ein mächtiges, anziehendes, erhebendes und belebendes Chi aus. Spirituelle und religiöse Symbole sind beispielsweise Bilder von Engeln, Heiligen, großen Lehrern, Göttern, Göttinnen und Mystikern. Bücher wie die Bibel, der Koran und die Upanishaden gelten ebenfalls als spirituelle Symbole; ebenso bestimmte Formen wie beispielsweise das Kreuz, der Komet oder das Sri Yantra. Auch hier liegt der Schlüssel wieder darin, daß diese Symbole für Sie persönlich eine inspirierende Bedeutung haben. Hängen, stellen oder legen Sie sie in jede beliebige Bagua-Zone, für die Sie wirklich Hilfe brauchen. Die Zonen für hilfreiche Menschen bzw. Wissen und persönliches Wachstum haben oft einen direkten Bezug zu spiritueller Entwicklung und Unterstützung; hier können Symbole wie ein kleiner Engel, eine religiöse Gestalt oder auch ein ganzer Altar mit vielen bedeutungsvollen Gegenständen wichtige Symbole sein.

Kapitel 9

Bagua-Rituale

Im Laufe unseres Lebens geben und empfangen wir Segnungen in Gestalt feierlicher Rituale, beispielsweise der Taufe, Erstkommunion, Konfirmation oder Bar

> *Halte jeden Augenblick heilig. Gib jedem Klarheit und Bedeutung, jedem das Gewicht deines Gewahrseins.* Thomas Mann

Mitzvah, unserer Hochzeit und unserer Geburtstagsfeiern. Wenn wir unsere Behausungen als genauso lebendig, dynamisch und beseelt wie uns selbst betrachten, macht es Sinn, sie von Zeit zu Zeit zu segnen. Zu den Ritualen, mit denen Sie vielleicht schon vertraut sind, gehören Einweihungspartys, das Verbrennen von Salbei oder die zeremonielle Durchtrennung eines Bandes, das über die neue Schwelle gespannt ist.

Wir benutzen die Bagua-Karte als Schablone für unsere Rituale innerhalb und außerhalb des Hauses. Solche Rituale werden durchgeführt, um die guten Wünsche und das positive Chi der Menschen, die in dem jeweiligen Gebäude leben und arbeiten, zu schützen und zu besiegeln. Das können Sie immer dann tun, wenn Sie das Chi im Haus oder am Arbeitsplatz ausgleichen und stärken wollen. Ein Bagua-Ritual macht Menschen auf wunderbare Weise ihre tiefsten Hoffnungen, Träume und Ziele deutlich. Wenn es sich um ein Paar handelt, bekommen beide Partner Gelegenheit, über ihre individuellen Hoffnungen nachzu-

231

denken und zu sprechen. Sie hören die Hoffnungen und Gebete des/der jeweils anderen und werden zwangsläufig durch das berührt, was sie noch nie zuvor vernommen haben.

Ein Bagua-Ritual kann auch in einem Büro durchgeführt werden, wobei jeder Teilnehmer dann entdecken kann, wie überraschend die Hoffnungen und Wünsche der Kolleginnen und Kollegen sind oder auch wie sehr sie die eigenen Vorstellungen ergänzen. Abgesehen von dem Segen für das Gebäude selbst sind Bagua-Rituale immer Erlebnisse, die Beziehungen vertiefen, Herzen öffnen und positives Chi aufbauen und stärken.

Ein Bagua-Ritual innerhalb des Gebäudes

Das folgende Bagua-Ritual innerhalb von Gebäuden kann man allein durchführen, zusammen mit anderen Menschen, die ebenfalls in diesem Haus oder Büro leben oder arbeiten, oder zusammen mit einer Gruppe von Menschen, die sich speziell versammelt haben, um an dem Ritual teilzunehmen. Man braucht dazu neun Kerzen und passende Untersetzer oder Kerzenhalter. Überlegen Sie, welche Art von Kerzen Sie verwenden möchten, beispielsweise bunte in den entsprechenden Bagua-Farben oder spitz zulaufende oder weiße Teelichter. Bevor Sie mit dem Ritual beginnen, können Sie die Kerzen verteilen – je eine in jede Bagua-Zone und eine in die Mitte. Sie können Sie aber auch während des Rituals bei sich tragen und auf dem Weg jeweils eine Kerze in jede Zone stellen.

Beginnen Sie Ihr Bagua-Ritual in der Zone für Gesundheit und Familie. Versetzen sie sich in einen meditativen Geisteszustand.

Zünden Sie Ihre Kerze an und halten Sie einen Moment inne, um über Ihre Hoffnungen, Ziele und Wünsche im Hinblick auf Gesundheit und Familie nachzudenken. Sprechen Sie sie dann laut aus, sogar wenn Sie allein sind. Wenn andere Menschen anwesend sind, die ebenfalls hier leben oder arbeiten, sollten diese auch ihre Hoffnungen, Träume und guten Wünsche im Hinblick auf Gesundheit und Familie aussprechen. Danach können Sie alle anderen Gäste einladen, ebenfalls ihre guten Wünsche für die Gesundheit und Familie der Menschen, die in diesem Haus leben oder arbeiten, zu formulieren.

Nachdem das Ritual in der Zone für Gesundheit und Familie abgeschlossen ist, gehen Sie im Uhrzeigersinn zur nächsten Zone, die einen Bezug zu Reichtum und Wohlstand hat. Hier vollziehen Sie und alle anderen Teilnehmer dieselben grundlegenden Schritte wie zuvor, wobei Sie sich auf Ihre Hoffnungen, Wünsche und Ziele konzentrieren, die mit Reichtum und Wohlstand zu tun haben.

Setzen Sie das Ritual weiter im Uhrzeigersinn durch die verschiedenen Bagua-Zonen fort. Nach der Zone für Reichtum und Wohlstand folgen die Zonen für Ruhm und Anerkennung, Liebe und Partnerschaft, Kinder und Kreativität, hilfreiche Menschen und Reisen, Beruf und Karriere sowie Wissen und persönliches Wachstum. Nehmen Sie sich in jeder Zone genug Zeit, um Ihre Kerzen anzuzünden, sich auf diesen speziellen Bereich Ihres Lebens zu konzentrieren und darüber nachzudenken, um dann Ihre guten Wünsche laut auszusprechen.

Wenn Sie den Weg durch alle acht Bagua-Zonen vollendet haben, gehen Sie in die Mitte des Gebäudes, um das Ritual zu vervollständigen. Zünden Sie Ihre letzte Kerze an, erinnern Sie sich schweigend an alle Worte, die gesprochen worden sind, und spüren Sie, wie deren gesamtes Chi Sie umgibt. Es ist wichtig, ein Gefühl dafür zu bekommen, daß das gesegnete Gebäude ein lebendiges »Wesen« ist, dessen Zweck darin besteht, Sie umfassend zu unterstützen und zu fördern, und mit dessen Chi Sie sich jetzt und in Zukunft in völliger Übereinstimmung befinden. Wenn Sie fertig sind, können Sie Ihr Ritual mit einem Schlußgebet beenden, das in wenigen Worten zusammenfaßt, was vorher gesprochen worden ist, oder Sie können einfach »Danke« oder »Amen« sagen.

Ein Bagua-Ritual im Freien

Bagua-Rituale können auch in der äußeren Umgebung eines Hauses durchgeführt werden. Klassischerweise wurde früher Reis benutzt, um das Land um ein Gebäude herum zu segnen, aber da sich herausgestellt hat, daß Reis für Vögel schädlich ist, nehme ich lieber Vogelfutter. Samen symbolisieren alle Möglichkeiten und Verheißungen eines neuen Lebens. Sie können alle Arten von Samen benutzen, beispielsweise Gras, Kräuter oder Wildblumen. Sie können auch die Rituale im Freien entweder alleine durchführen oder zusammen mit anderen, die im selben Haus leben oder arbeiten und/oder mit Freunden, die Ihnen Gutes wünschen wollen.

Um ein Bagua-Ritual im Freien vorzubereiten, füllen Sie für jeden Teilnehmer einen kleinen Behälter mit Samen. Ich benutze dafür die roten Umschläge, die man in chinesischen Geschäften oder Geschenkartikelläden bekommt und die ein Symbol für das Fest des Lebens sind. Sie können natürlich auch Ihre eigenen Umschläge, Tüten oder Beutel als Symbole für die Feier gestalten. Außerdem brauchen Sie eine Kerze für die Mitte des Gebäudes, die dort entweder vor dem Ritual aufgestellt wird oder die einer der Teilnehmer während der Feier hält.

Rituale im Freien folgen demselben Muster wie Rituale im Inneren eines Hauses. Zu Beginn stehen Sie in einer bequemen Entfernung (etwa 1 bis 3 Meter) von dem Teil des Gebäudes, der einen Bezug zu Gesundheit und Familie hat. Sehen Sie das Gebäude an und nehmen Sie sich Zeit, um über Ihre Wünsche, Hoffnungen und Ziele im Hinblick auf Gesundheit und Familie nachzusinnen. Anschließend sprechen Sie sie laut aus. Andere Teilnehmer, die im selben Haus leben oder arbeiten, tun dasselbe. Danach werden die Gäste gebeten, ihre guten Wünsche für Gesundheit und Familie der Menschen, die hier leben oder arbeiten, auszusprechen.

Nachdem alle Teilnehmerinnen und Teilnehmer ihre Segenswünsche für Gesundheit und Familie ausgesprochen haben, nimmt jeder von den Samen im Umschlag und wirft sie in Richtung auf das Haus. Durch diesen symbolischen Akt werden alle Segenswünsche mit dem Chi des neuen Lebens verbunden.

Wie bei Ritualen im Inneren des Hauses gehen Sie nun im Uhrzeigersinn zu dem Bereich des Gebäudes, der einen Bezug zu Reichtum und Wohlstand hat. Auch hier nehmen Sie sich wieder Zeit, über Ihre Hoffnungen, Ziele und guten Wünsche für Reichtum und Wohlstand nachzudenken und sie dann auszusprechen. Wenn Sie und alle anderen Teilnehmer und Teilnehmerinnen damit fertig sind, werfen Sie wieder Samen in Richtung auf das Haus, um alles Gute dieses Augenblicks für jetzt und die Zukunft zu besiegeln. Dann fahren Sie im Uhrzeigersinn fort mit den Zonen für Ruhm und Anerkennung, Liebe und Partnerschaft, Kinder und Kreativität, hilfreiche Menschen und Reisen, Beruf und Karriere sowie Wissen und persönliches Wachstum.

Idealerweise betrachten Sie Ihr Ritual im Freien als eine Weihestunde, um buchstäblich und symbolisch zwischen sich selbst und dem betreffenden Haus oder Arbeitsplatz eine besondere Beziehung zu schaffen. Dies ist die richtige Zeit, um darüber nachzudenken, welche guten Dienste Ihnen dieses dynamische lebendige Wesen leistet, und um Glück und Wohlstand zu besiegeln. Genießen Sie es, dabei zuzuhören, wie Sie selbst und andere durch das Aussprechen der Segenswünsche ein harmonisches Chi schaffen – ein Chi, das dann durch die Samen als Symbol des neuen Lebens für immer besiegelt wird.

Nachdem Sie alle acht äußeren Zonen gesegnet haben, gehen Sie in die Mitte des Gebäudes. Hier vervollständigen Sie das Ritual, indem Sie Ihre Kerze anzünden und schweigend an all das denken, was gesagt worden ist. Wie bei dem Ritual im Inneren des Hauses sprechen Sie zum Abschluß ein Gebet oder Sie sagen einfach »Danke« oder »Amen«.

Bagua-Rituale werden oft durchgeführt, um einen neuen Anfang zu feiern, beispielsweise den Einzug in ein neues Haus, die Geburt eines Kindes, eine Hochzeit oder einen beruflichen Neubeginn. Eine solche Zeit der Besinnung und der guten Wünsche verbindet uns mit den Strukturen, die uns im Leben unterstützen. Ein Bagua-Ritual ist zugleich eine wunderbare Möglichkeit, in schwierigen Zeiten Kräfte zu sammeln. Die Schätze des Lebens, die das Bagua repräsentiert, sind alle miteinander verbunden, und indem wir einen stärken, stärken wir sie alle.

Kapitel 10

Respekt vor dem Bedürfnis nach Ungestörtheit und persönlichen Grenzen

Ungestörtheit und persönliche Grenzen gehören wie Vitamine und Nährstoffe zu den grundlegenden menschlichen Bedürfnissen. Ich kenne niemanden, der es schätzt, wenn sein oder ihr Schreibtisch von jemand anderem aufgeräumt wird, oder der es genießt, dauernd ange-

> *Wir brauchen einen Raum für uns allein, wo wir uns vollständig frei und ungestört fühlen und wohin wir uns jederzeit zurückziehen können, um allein zu sein.*
>
> Michel Eyquem de Montaigne

starrt zu werden. Unsere Kultur lehrt uns verschiedene Möglichkeiten des Umgangs miteinander, die Menschen aus anderen Kulturen als aufdringlich oder verletzend empfinden. Im Westen fühlen sich viele Leute nicht wohl, wenn ihnen jemand bei einer Unterhaltung körperlich so nahe kommt, wie es bei vielen Menschen aus Ländern des Ostens üblich ist. Wir sind daran gewöhnt, mehr Distanz zu halten.

Auf ähnliche Weise kann unsere Art des Augenkontaktes viele Leute aus asiatischen Kulturen stark verunsichern. Auch innerhalb unserer eigenen Kultur gibt es erhebliche Unterschiede im Hinblick auf die individuellen Bedürfnisse nach Ungestörtheit und persönlichen Grenzen. Der eine läßt sich gerne umarmen und küssen, während ein anderer das Gefühl hat, daß durch diese Demonstration von Zuneigung persönliche Grenzen verletzt werden. Außerdem müssen wir berücksichtigen, daß Menschen, die zusammenleben – Partner, Hausgenossen, Familien –, einen unterschiedlichen Geschmack haben können. Wenn Sie dann noch bedenken, daß Menschen wachsen und sich verändern, ist es nicht überraschend, daß sie vielleicht ihre Umgebung auf eine Weise verändern wollen, gegen die jemand anders Einwände hat. Dadurch kann es zu Grenzverletzungen und »Revierkämpfen« kommen. Den meisten von uns werden die folgenden Geschichten vertraut sein. Es geht darum, die Ungestörtheit und persönlichen Grenzen anderer Menschen zu respektieren.

Erlaubnis einholen

Nancy lebte mit ihrem Ehemann Sid in einem Schloß des 20. Jahrhunderts. Sie hatten keine Kosten gescheut, um einen Marmorpalast von mehr als 1000 Quadratmetern zu errichten. Nancy hatte auf einer Party von Feng Shui gehört und sich erkundigt, ob es in ihrer Nähe einen Berater gab. Sie war eine meiner ersten Klientinnen. Als wir einen Termin vereinbarten, dachte ich nicht im Traum daran zu fragen, ob auch Sid damit einverstanden war, daß sein Schloß »fengshuisiert« wurde.

Ich kam an einem warmen Sommermorgen an und fuhr durch Sicherheitstore, die sich elektrisch öffnen ließen und in der Nähe eines künstlichen Wasserfalls standen, der sich zur Straße hin ergoß. Ich wunderte mich darüber, wie jemand einen Wasserfall anlegen konnte, der vom Haus wegfloß. Das Chi, das herabstürzte und vom Haus wegrauschte, bot zwar den Leuten, die vorbeifuhren, eine großartige Show, aber ein erheblicher Teil des Chi, das wohltuend durch Haus und Grundstück hätte fließen können, wurde mit Macht fortgespült.

Auf mein Klopfen hin öffnete Nancy die fast 5 Meter hohe Haustür, um mich hereinzulassen. Vor mir lag ein riesiges Foyer, das in eine weite Halle mündete, von der aus man in den Rest des Hauses gelangte. Wände und Böden bestanden aus kühlem Marmor, und ich wünschte, ich hätte mich wärmer angezogen.

Es folgte die große Besichtigung, die uns von einem spektakulären Zimmer ins nächste führte. Nancy klagte vor allem darüber, daß sie und ihr Mann die meisten Räume nicht benutzten. Ihr Leben spielte sich in der Küche, einem kleinen Arbeitszimmer und dem Eheschlafzimmer ab.

»Sehen Sie sich beispielsweise diesen Raum an«, sagte sie. »Selbst wenn wir Besuch haben, sitzen wir nicht hier.«

Wir standen im Eingang zu einem geräumigen Wohnzimmer. Alles war hier in Weißtönen gehalten, und es gab verschiedene extravagante Metallskulpturen auf weißen Sockeln. Zwei lange weiße Couchen dienten als Sitzgelegenheit. Auf jeder Couch waren 24 große weiße Kissen in engen waagerechten Reihen aufgestellt.

»Nancy, in diesem Raum sitzen schon 48 ›Leute‹ – für mehr ist einfach kein Platz«, sagte ich.

»So habe ich das noch nie betrachtet!« staunte sie.

»Außerdem ist dieser Raum ausschließlich mit Dingen gestaltet, die das Metall-Element repräsentieren«, erklärte ich. »Es wird Zeit, hier die Farben und Formen der anderen Elemente, besonders des Feuers, zu ergänzen.« Wir einigten uns darauf, 40 Kissen zu entfernen, wobei immerhin noch 8 Stück als Blickfang auf den Couchen blieben. Nancy holte mehrere große, burgunderrote Kerzen und stellte sie in Kristallhaltern auf den Kaffeetisch. Der Raum begann, lebendig zu werden. Nancy bekam Lust auf mehr und holte farbenprächtige Geschenke und Erinnerungsstücke, die ihr gefielen, um sie auf den Tischen und Regalen zu verteilen. Die Teile, die sie ausgewählt hatte, repräsentierten alle Elemente und verliehen dem Raum eine neue Atmosphäre von Wärme und Gleichgewicht.

»Jetzt möchte ich mich hier aufhalten!« rief sie.

Sechs Stunden später hatten wir vieles umgestaltet und Pläne für weitere Veränderungen im Haus notiert. Wir beendeten unsere Arbeit für diesen Tag und verabredeten, beim nächsten Termin mit dem Bagua zu arbeiten.

Als Sid am Abend in sein Schloß heimkehrte, bemerkte er gleich, daß einiges anders aussah. »Was zum Teufel ist denn hier passiert?« fragte er, während er seine Blicke durch die Küche schweifen ließ.

»Oh, ich hatte eine Feng-Shui-Beraterin hier, mit der ich heute im Haus gearbeitet habe«, antwortete Nancy.

»Eine was? Bist du denn verrückt geworden?! Ich habe doch nicht ein Vermögen für den Innenarchitekten ausgegeben, damit du nun alles änderst – du wirst jedes einzelne Teil wieder dahin bringen, wo es hingehört, auf der Stelle – das ist mein voller Ernst!« Sid knallte die Küchentür zu und Nancy hörte ihn fluchen, als er von Zimmer zu Zimmer ging und sah, was wir angerichtet hatten.

Jetzt war sie entsetzt. Warum hatte ich ihr nicht gesagt, daß so etwas passieren könnte? Bis jetzt hatte mein Besuch nicht dazu beigetragen, ihre Ehe zu verbessern. Während Sid weiterhin die Türen knallte und sein Mißfallen in unfreundlichen Worten kundtat, rief Nancy mich an und sagte unseren zweiten Termin ab. Das war das Letzte, was sie brauchen konnte. Zum Teufel mit dem Bagua. Es würde Tage dauern, bis sich ihr Mann wieder beruhigte. Wie hatte ich es wagen können, sie in solche Schwierigkeiten zu bringen!

Überflüssig zu sagen, daß ich meine Lektion lernte. Feng Shui bei jemandem zu praktizieren, der nicht seine Erlaubnis dazu erteilt hat, ist ungefähr so, als wollte man eine medizinische Diagnose bei einem Menschen stellen, der damit nicht einverstanden ist. Veränderungen im Wohnumfeld eines Menschen sind ein sehr persönlicher Eingriff, und wenn sie ohne Erlaubnis vorgenommen werden, empfindet der Betroffene sie möglicherweise als Verletzung. Ich arbeite jetzt nur noch dort, wo alle Menschen, die älter als 12 Jahre sind, ihr Einverständnis gegeben haben. Als Feng-Shui-Beraterin mache ich Vorschläge und gebe Kommentare über die Räume ab, die ich beurteilen soll, respektiere jedoch immer, daß die Menschen, die dort leben und arbeiten, die Veränderungen selbst durchführen müssen – in ihrem persönlichen Tempo und auf ihre persönliche Art und Weise.

Der große weiße Jäger

Als Steve aus Kenia zurückkam und stolz das Zebrafell auspackte, das er dort gekauft hatte, wurde seiner Frau Sandy fast übel. Seine Trophäe gehörte zu den abscheulichsten Dingen, die sie je gesehen hatte! Steve war jedoch völlig begeistert davon und hatte geplant, sie im Wohnzimmer an die Wand über dem Sofa zu hängen, wo jeder sie bewundern konnte. Er war völlig überrascht, daß seine Frau seine Begeisterung nicht teilte. Sie hatten hitzige Auseinandersetzungen darüber, wo das Fell hängen sollte. Sandy wollte es überhaupt nicht im Haus haben, während Steve es als Erinnerung an seine Afrika-Reise möglichst auffällig präsentieren wollte. Er war so entschlossen, daß er sein Schmuckstück über das Sofa hängte, während Sandy bei der Arbeit war. Im Laufe der Zeit, so hoffte er, würde es ihr genauso gut gefallen wie ihm. Doch damit hatte er kein Glück.

In Tränen aufgelöst rief Sandy mich an und schilderte ihren Fall. Sie war sicher, das Chi eines toten Tieres, das in ihrem Wohnzimmer hing, müsse entsetzliche Auswirkungen haben. Ich schlug ein Dreiertreffen vor, damit ich sowohl mit ihr als auch mit Steve reden konnte. Als ich die Einfahrt zum Haus hinauffuhr, konnte ich durch das Wohnzimmerfenster das Zebrafell über der Couch hängen sehen. Ich ging davon aus, daß inzwischen alle Nachbarn von Steves Afrikareise wußten.

Respekt vor den Grenzen anderer zu vermitteln, kann ein schwieriges Unterfangen sein. In diesem Fall war da Steve, der etwas erlebt hatte, das ihm sehr viel bedeutete. Er besaß etwas, das sein Abenteuer symbolisierte und das er der Welt zeigen wollte, aber seine Partnerin war nicht zur Kooperation bereit. Mehr noch, sie fühlte sich durch dieses Symbol beleidigt und wollte nicht das Geringste damit zu tun haben. Nun gab es also zwei Menschen, die sich verletzt, mißverstanden und verärgert fühlten. Was tut man in einem solchen Fall?

Wenn eben möglich muß man teilen und herrschen. Anders gesagt, man muß jedem Menschen sein eigenes Reich zugestehen. Ziehen Sie eine Linie um einen Platz, der beliebig groß oder klein sein kann, und über alles, was sich innerhalb dieser Grenze befindet, bestimmt ausschließlich eine Person. Sie kann dort ohne Rücksicht auf andere tun und lassen, was sie will.

Im Fall von Sandy und Steve beanspruchten beide ein Zimmer als ihr persönliches Reich. Steve hatte mit seinem Arbeitszimmer bereits einen eigenen Raum im Haus. Aber Sandy tat ihre Anwesenheit dort kund, indem sie nach eigenem Gutdünken Dinge veränderte oder wegnahm, die er in diesem Zimmer haben wollte. Sie erkannte nicht, wie wichtig es war, Steves Zimmer als sein alleiniges Territorium zu respektieren. Besonders ärgerlich war er kürzlich gewesen, als sie seine Schreibtischlampe, die sie angeblich im Wohnzimmer brauchte, durch eine Schlafzimmerlampe mit Rüschen ersetzt hatte.

Derweil hatte Sandy nie einen bestimmten Raum im Haus für sich alleine beansprucht. Sie empfand das ganze Haus einschließlich Steves Arbeitszimmer als ihr Eigentum. Wenn sie jedoch ihre Beziehung zu diesem Haus genauer betrachtete, wurde ihr klar, daß sie keine Rückzugsmöglichkeit hatte, wenn sie ungestört meditieren, einen Brief schreiben oder kreativ sein wollte. Zwar »besaß« sie scheinbar das ganze Haus, aber nichts davon gehörte ausschließlich ihr. Sie beschloß, das Gästezimmer für sich zu reklamieren und es mit all dem »Weiberkram« auszustatten, den Steve nirgendwo anders im Haus haben wollte. Sandy fühlte sich nicht mehr im geringsten unglücklich, als sie darüber nachdenken konnte, wie sie ihr eigenes privates Reich persönlich gestalten wollte.

Wir warfen einen Blick in Steves Arbeitszimmer, das in der Zone für Ruhm und Anerkennung lag. Sein Schreibtisch stand an einer Wand und der Schreibtischstuhl mit dem Rücken zur Tür. Er hatte bisher nie daran gedacht, seinen Schreibtisch herumzudrehen, so daß er zur Tür sehen konnte, aber er nahm diese Idee jetzt sehr positiv auf. Sein geliebtes Zebrafell könnte sich dann auf der ganzen Wand hinter ihm ausbreiten. Fotos, die er in Kenia aufgenommen hatte, würden die anderen Wände schmücken. Da das Feuer-Element einen Bezug zur Bagua-Zone für Ruhm und Anerkennung hat und durch Tiere symbolisiert werden kann, war Steves wildes Königreich hier am rechten Platz. Und Sandy hatte in diesem Raum künftig nichts mehr zu suchen. Sie versprach, sich daran zu halten, solange Steve nicht über all ihre Blumen und Spitzen spotten würde.

Als ich die viktorianische Lady und ihren großen weißen Jäger verließ, hatten sie Frieden geschlossen, und beide waren erleichtert, daß es in ihrem Zusammenleben nun einige klare Grenzen gab.

Das Geschenk der Privatsphäre

Ob Sie verheiratet sind, Kinder haben, mit einem Partner zusammenleben oder Haus oder Arbeitsplatz mit jemandem teilen, achten Sie immer darauf, Ihre Privatsphäre klar zu definieren. Wenn dieses grundlegende Bedürfnis nicht respektiert wird, kann es zu Revierkämpfen von subtilen Geplänkeln bis zu großen Schlachten kommen. Respektieren Sie sich selbst, indem Sie einen Platz beanspruchen, den Sie Ihr eigen nennen können. Und respektieren Sie die Menschen, mit denen Sie zusammenleben, indem Sie sie ermutigen, dasselbe zu tun. Allein durch diese einfache Maßnahme zirkuliert das Chi in jedem Haus und an jedem Arbeitsplatz wesentlich gesünder und freundlicher.

Schon kleine Kinder im Alter von zwei Jahren drücken ihr Bedürfnis nach einer eigenen Privatsphäre aus. Wenn sich Geschwister ein Kinderzimmer teilen, helfen Sie beiden Kindern, eine Ecke zu gestalten, die ihnen allein gehört und wo sie Dinge aufbewahren können, an denen sie Freude haben, beispielsweise ein besonderes Spielzeug, ihre Sportausrüstung und ihre Kuscheltiere. Jedes Kind sollte in einem solchen Zimmer sein eigenes Reich haben, das vom Geschwisterkind entsprechend respektiert wird. Das funktioniert jedoch nur, wenn sich auch der Rest der Familie daran hält. Kleine Kinder lernen früh zu verstehen, daß Mutter und Vater Zeit für sich alleine brauchen, wenn diese die Grenzen der Kinder ebenfalls respektieren.

Teenager bestehen gewöhnlich auf ihrem eigenen Revier. Wie in der Geschichte von Angie im Abschnitt über Wissen und persönliches Wachstum (Seite 201) können Teenager während der Pubertät die anderen Familienmitglieder vor große Probleme stellen. Ihr privates Reich ist oft chaotisch und widersprüchlich. Typischerweise ist das Teenager-Chaos ein sehr aktives Chaos – es verändert sich, wenn sie sich verändern, und das geschieht häufig. In den meisten Fällen ist es am besten, die Tür zu ihrem Zimmer für einige Jahre zu schließen und dem Chaos seinen Lauf zu lassen. Doch manchmal muß man, wie bei Angie, eingreifen, und in den meisten Fällen ist es möglich und auch sinnvoller, einen guten Rat zu geben, statt zu fordern und zu verlangen. Auch hier gilt wieder: Wenn man die gegenseitige Privatsphäre jeweils respektiert, schafft das Raum für Harmonie und Gleichgewicht.

....

Kapitel 11

Feng Shui auf Reisen

Während ich an diesem Buch schrieb, beschlossen mein Mann Brian und ich, eine Hütte in einem kleinen Bergdorf zu mieten, um

> *Auch eine weite Reise beginnt mit dem ersten Schritt.*
>
> Lao Tse

dort seinen Geburtstag zu feiern. Wir freuten uns darauf, uns in der Stille des Waldes von unserem anstrengenden Leben in San Diego zu erholen. Wir buchten die Hütte auf Empfehlung eines Freundes und machten uns kurz danach auf den Weg. Bei der Ankunft stellten wir fest, daß unser Zufluchtsort innen wunderbar eingerichtet war, aber nur knapp drei Meter von der vielbefahrenen Hauptstraße entfernt lag. Überflüssig zu sagen, daß Ruhe und Frieden, die wir erhofft hatten, durch den Straßenverkehr erheblich gestört wurden. Es war mir nicht im Traum eingefallen zu fragen, ob unsere Hütte praktisch mitten auf der Straße liegen würde. Alle anderen Behausungen waren schön in den Wald zurückgesetzt, nur waren sie alle belegt. Wir beschlossen, das Beste aus der Situation zu machen. Wir schoben das Bett von der Vorderseite an die Rückwand, schmückten das Zimmer mit Kerzen und frischen Blumen und ließen leise Musik laufen, was alles dazu beitrug, die Dominanz des »rasenden Stroms« von Straßen-Chi zu besänftigen. Dennoch mußten wir die Fenster schließen, womit wir nicht nur den Straßenlärm aussperrten, sondern auch den frischen Kiefernduft, den wir eigentlich hatten genießen wollen. Dieses Erlebnis hat mich bewogen, hier das Kapitel über Feng Shui auf Reisen zu ergänzen. Verwenden Sie die folgenden Informationen als Leitfaden, bevor Sie einen Aufenthalt irgendwo buchen, wo Sie noch nie zuvor gewesen sind.

Erstens sollten Sie genau festlegen, welche Art von Umgebung Sie vorziehen. Möchten Sie ein Quartier, das ungestört, ruhig und zurückgezogen liegt, oder wollen Sie so wohnen, daß Sie die Orte, wo etwas los ist, bequem erreichen können (oder beides)? Gehen Sie präzise vor: Stellen Sie fest, wo sich die Wege, Straßen, Autobahnen und Nachbarn befinden und ob es in der Nähe Einkaufszentren, Kirchen und Geschäfte gibt. In Hotels ist es wichtig, sich von Zimmern fernzuhalten, die in der Nähe von Restaurants, Bars, Empfangshallen, Getränkeautomaten, Aufzugschächten und so weiter sind – alles potentielle Ruhestörer.

Zweitens sollten Sie um eine detaillierte Beschreibung der Inneneinrichtung bitten. Welche Farben herrschen vor? Vielleicht möchten Sie Ihr Wochenende nicht in einem Zimmer verbringen, das in kräftigem Avocadogrün und Rostbraun dekoriert ist. Fragen Sie nicht nur wie üblich nach der Größe des Bettes und der elektronischen Ausstattung mit Kabelfernsehen, Videorecorder und Radio, sondern fragen Sie auch, ob es eine Tür zwischen Schlafzimmer und Bad gibt und ob sich die Fenster öffnen lassen. Seien Sie im Hinblick auf Ihren Schlafplatz genauso wählerisch wie in bezug auf die Kleidung, die Sie tragen, und die Nahrungsmittel, die Sie essen.

Ganz gleich, ob Sie sich für eine Woche in eine rustikale Hütte zurückziehen, einen Monat in einer luxuriösen Suite verbringen oder eine Nacht in einem preiswerten Hotelzimmer schlafen wollen, in jedem Fall können Ihnen ein paar Minuten mehr am Telefon alle möglichen Probleme am Zielort ersparen. Ich habe auch festgestellt, daß freundliche, hilfsbereite Menschen, die gerne all meine Fragen beantworten, gewöhnlich eine Gewähr dafür sind, daß man einen angenehmen Ort mit gutem Feng Shui vorfindet.

Die Feng-Shui-Reiseausstattung

Manchmal haben wir nicht die Möglichkeit, das perfekte Zimmer zu buchen. Vielleicht sind wir auf einer Geschäftsreise, die jemand anders organisiert hat, oder es gibt Sprachschwierigkeiten. In jedem Fall empfiehlt es sich, eine Feng-Shui-Reiseausstattung mitzunehmen. Sie können sie selbst aus kleinen, leichten Dingen zusammenstellen, die das Chi in jeder beliebigen Umgebung verbessern, ausgleichen und in Bewegung halten. Meine Feng-Shui-Reiseausstattung besteht beispielsweise aus einem kleinen Schmuckbeutel, der vier runde, geschliffene Kristalle mit Fäden zum Aufhängen enthält, vier kleine Engel aus dicker Pappe, vier Teelichter und reinigendes Räucherwerk wie beispielsweise Kiefernharz oder Sandelholz. Diese kleinen Chi-Verbesserer können sogar einen Raum, der vorher abstoßend war, lebendig und akzeptabel machen. Zur Ausstattung gehören auch Gegenstände, die man zum Aufstellen oder Befestigen braucht: Sicherheitsnadeln, Büroklammern, Heftzwecken, Bindfaden und Streichhölzer. Außerdem packe ich noch ein buntes Halstuch ein, das die Farben aller fünf Elemente enthält, und dann kann es losgehen.

Jedes Zimmer muß anders behandelt werden. Sie können als Basis für Ihre Maßnahmen die Bagua-Karte verwenden, wobei die Zimmertür als Eingangspunkt dient. Gewöhnlich hänge ich zumindest einen Kristall ins Fenster und stelle Kerzen und Engel in meine Zonen für Gesundheit, Reichtum und Liebe. Wenn der Raum »tot« wirkt oder die Energie zu stagnieren scheint, hänge ich einen Kristall in die Mitte der Decke des Schlafzimmers oder des Badezimmers. Oft gestalte ich einen schönen Platz auf einem Tisch oder einer Kommode, wo ich meine Augen ruhen lassen und das Chi in mich aufnehmen kann. Dort lege ich beispielsweise mein Fünf-Elemente-Tuch hin und stelle Räucherwerk, Kerzen, Engel, eine Schale oder ein Glas mit Wasser und – wenn ich sie bekommen kann – Blumen oder grüne Pflanzen hin. Auf Reisen geht es darum, Dinge bei sich zu haben, die einen fragwürdigen Raum schnell in ein Zimmer verwandeln können, das Sie nährt und umsorgt, und sei es nur für eine einzige Nacht. Wählen Sie dafür Gegenstände, die leicht sind und die Sie bei Bedarf schnell einpacken können.

Möbel auf Achse

In meinen vorübergehenden Behausungen räume ich dauernd die Möbel um. Alles, was nicht festgenagelt ist, steht zur Disposition. Ich finde, daß das Chi wirklich aufgeweckt und belebt wird, wenn man wenigstens ein Möbelstück von dem Platz entfernt, an dem es für wer weiß wie lange gestanden hat. Überlegen Sie, wie Sie den Raum gestalten würden, wenn Sie hier leben sollten, und dann bauen Sie um!

Ich bedecke ein auffallend plaziertes Fernsehgerät auch gerne mit einem Tuch, Schal oder Handtuch, um es sozusagen »schlafen zu schicken«. Nur wenige Menschen fühlen sich wohl, wenn sie angestarrt werden, und sei es nur durch das eine große schwarze Auge des Fernsehgerätes.

Tun Sie, was nötig ist, damit Sie sich so behaglich und heimisch wie möglich fühlen. Sie arbeiten besser, ruhen besser und spielen besser, wenn Sie dafür sorgen, daß die Einheit Ihres eigenen vitalen Chi bewahrt bleibt.

Kapitel 12

Zusammenfassung – Enthüllen Sie Ihr Paradies

Feng Shui eröffnet Ihnen eine neue Art des Sehens und Zuhörens und ein neues Wissen über Ihre Umwelt. Wenn Sie fähig sind zu »sehen«, wie

Vertraue dir selbst, dann weißt du, wie du leben solltest. Goethe

sich das Chi durch einen bestimmten Bereich bewegt, zu »hören«, was es sagt, und zu wissen, wie Sie seine Qualität ausgleichen und verbessern können, dann sind Ihre Feng-Shui-Augen geöffnet. Dann haben Sie die Freiheit, Ihr eigenes, persönliches Paradies zu schaffen, einen Ort, wo Sie von äußeren Bestätigungen in Form von Licht, Kunst, Möbeln, Farben, Mustern, Gegenständen aus der Natur und architektonischen Merkmalen umgeben sind, die Sie selbst ausgewählt haben. Dies ist ein Ort, wo das lebendige Chi harmonisch durch jeden Raum zirkuliert und Ihr Heim erhält und Sie gleichzeitig inspiriert, verjüngt, beruhigt und schützt. Es ist ein Ort, der Sie mit offenen Armen empfängt und die sanften, nährenden Eigenschaften hat, die den Streß des Tages dahinschmelzen lassen. Es ist ein Ort, der in einer melodischen und erfreulichen Sprache zu Ihnen »spricht«. Es ist Ihr Ort des Friedens.

Mit Feng Shui können Sie auch aus Ihrem Arbeitsplatz ein Sprungbrett zum Erfolg machen. Sie können nach Belieben Ihren persönlichen Ort der Kraft schaffen – mit Möbeln, deren Auswahl und Anordnung Ihre besten Eigenschaften hervorbringen und Ihnen zu einer Position der Macht voller Energie und Motivation verhelfen. Es ist ein Ort, wo Ihr Schreibtisch zum Spielfeld wird, auf dem alles für Ihren Sieg vorbereitet ist. Es ist ein Ort, wo Sie Bilder und Gegenstände plazieren können, die Ihre Aufmerksamkeit auf die aktuellen Aufgaben richten, Ihre Kreativität anregen und Sie bei Ihren Zielen und Plänen unterstützen. Jeden Tag bieten sich Ihnen günstige Gelegenheiten wie beispielsweise Beförderungen, Einladungen, Verabredungen und vorteilhafte Entwicklungen aller Art. Es ist ein Ort, wo Ihre Vitalität und Ihr Charisma ständig stärker und durch das lebhaft zirkulierende Chi unterstützt werden. Es ist Ihr Ort der Kraft.

Da keine zwei Häuser, Büros, Menschen, Tage oder Augenblicke gleich sind, besteht die Herausforderung für Sie nicht nur darin, die ideale Umgebung für sich selbst zu schaffen, sondern sie auch entsprechend zu bewahren. Denken Sie daran: Je dynamischer Ihr Leben ist, desto dynamischer werden Ihr Heim und Ihr Arbeitsplatz sein. Sie sind ein direktes Abbild Ihrer selbst. Die Feng-Shui-Anpassungen und -Verbesserungen, die Sie heute vornehmen, müssen von Zeit zu Zeit aufgefrischt, neu geordnet oder vollständig ersetzt werden. Ihre Augen müssen für den dynamischen Tanz um Sie herum wach und offen bleiben.

Ein Wasser-Merkmal inmitten eines Blumengartens in Ihrer Zone für Reichtum und Wohlstand kann Ihr Einkommen verbessern und hervorragend wirken. Es ist jedoch wichtig, daß Sie Ihren Glücksbrunnen im Laufe der Zeit regelmäßig mit Ihren Feng-Shui-Augen betrachten und den Bereich so bewahren oder verändern, daß er exakt widerspiegelt, wer Sie sind. Ob Sie die Farbe und Art der Blumen ändern, Licht, Sitzgelegenheiten oder eine Statue hinzufügen oder das gesamte Arrangement ändern, seien Sie so kreativ, wie Sie wollen und genießen Sie alles, was Sie gestalten. Die Möglichkeiten, lebendige und inspirierende Mischungen von Gegenständen zu schaffen, die das Chi in Ihrer Umgebung verbessern und auffrischen, sind grenzenlos.

Es gibt keine Lösungen, die für immer Bestand haben. Das einzig dauerhafte ist der Tanz zwischen Ihnen und Ihrer Umgebung – ein Tanz, der ständig große Freude, günstige Gelegenheiten und Wohlstand in Ihr Leben bringen kann.

Genießen Sie!

Dreißig Speichen umgeben eine Nabe:
In ihrem Nichts besteht des Wagens Werk.
Man höhlet Ton und bildet ihn zu Töpfen:
In ihrem Nichts besteht der Töpfe Werk.
Man gräbt Türen und Fenster,
    damit die Kammer werde:
In ihrem Nichts besteht der Kammer Werk.

Darum: Was ist, dient zum Besitz.
Was nicht ist, dient zum Werk.   Lao Tse

Literaturempfehlungen

Brown, Simon: *Feng-Shui-Praxis*. München: Goldmann Verlag, 1998

Chopra, Deepak: *Die sieben geistigen Gesetze des Erfolgs*. München: Heyne, 1996

Conelly, Dianne M.: *All Sickness is Home Sickness*. Columbia, MD: Traditional Acupuncture Institute, 1993

Govert, Johndennis: *Feng Shui, Art and Harmony of Place*. Phoenix, AZ: Daikakuji Publications, 1993

Hay, Louise: *Heile Dein Leben*. Landsberg am Lech: mvg, 1989

Hay, Louise: *Das Leben lieben. Heilende Gedanken für Körper und Seele*. München: Heyne, 1996

Kwok, Man-Ho: *Feng-Shui-Set*. München: Goldmann Verlag, 1995

Lao Tse: *Tao Te King. Das Buch vom Sinn und Leben*. München: Eugen Diederichs Verlag, 10. Auflage 1996

Lin, Jami: *Earth Design*. Miami Shores, FL: Earth Design, Inc., 1995

Moore, Thomas: *Seel-Sorge. Tiefe und Spiritualität im täglichen Leben finden*. München: Knaur Verlag, 1993

Patent, Arnold M.: *Du kriegst, was du willst. Der Weg zu einem glücklichen und erfüllten Leben durch positives Denken*. München: Goldmann Verlag, 1997

Roger, John / McWilliams, Peter: *You Can't Afford the Luxury of a Negative Thought*. Los Angeles, CA: Prelude Press, 1988

Rossbach, Sarah: *Wohnen ist Leben. Feng Shui und harmonische Raumgestaltung*. München: Knaur Verlag, 1989

Rossbach, Sarah: *Feng Shui. Die chinesische Kunst des gesunden Wohnens*. München: Knaur Verlag, 1994

Rossbach, Sarah/Yun Lin: *Feng Shui, Farbe und Raumgestaltung*. München: Knaur Verlag, 1996

Swan, James A.: *The Power of Place and Human Environments*. Wheaton, IL: Quest Books, 1991

Walters, Derek: *Feng Shui. Die Kunst des Wohnens*. München: Goldmann Verlag, 4. Auflage 1997

Wilhelm, Richard (Hrsg.): *I Ging. Das Buch der Wandlungen*. München: Eugen Diederichs Verlag, 22. Auflage 1995

Wing, R. L.: *Das Illustrierte I Ging*. München: Heyne, 1990